NO MUNDO DA LUA

)) ● ● ● ((

100 PERGUNTAS E RESPOSTAS SOBRE O **TRANSTORNO DO DÉFICIT DE ATENÇÃO COM HIPERATIVIDADE**
TDAH

Copyright © 2020 Associação Brasileira do Déficit de Atenção (ABDA)

Todos os direitos reservados pela Autêntica Editora Ltda. Nenhuma parte desta publicação poderá ser reproduzida, seja por meios mecânicos, eletrônicos, seja via cópia xerográfica, sem a autorização prévia da Editora.

A editora não se responsabiliza pelo conteúdo, funcionamento, manutenção ou atualização de links ou outros recursos apresentados pelo autor neste livro.

EDITOR RESPONSÁVEL
Marcelo Amaral de Moraes

EDITORAS ASSISTENTES
Luanna Luchesi
Vanessa Cristina da Silva Sá

PREPARAÇÃO DE TEXTO
Marcelo Amaral de Moraes

REVISÃO
Luanna Luchesi

PROJETO GRÁFICO
Diogo Droschi

DIAGRAMAÇÃO
Guilherme Fagundes

Dados Internacionais de Catalogação na Publicação (CIP)
(Câmara Brasileira do Livro, SP, Brasil)

Mattos, Paulo

No mundo da lua : 100 perguntas e respostas sobre o Transtorno do Déficit de Atenção com Hiperatividade (TDAH) / Paulo Mattos. -- 17. ed. ; 5. reimp. -- Belo Horizonte : Autêntica, 2024.

ISBN 978-85-513-0825-7

1. Psiquiatria, Distúrbios da atenção, Hiperatividade 2. Transtorno do déficit de atenção com hiperatividade (TDAH) 3. Deficiência de aprendizagem 4. Transtornos mentais 5. Saúde da família I. Título.

20-45805   CDD-616.8589

Índices para catálogo sistemático:
1. Distúrbio de déficit de atenção com hiperatividade : Neurologia : Medicina 616.8589

Cibele Maria Dias - Bibliotecária - CRB-8/9427

Belo Horizonte
Rua Carlos Turner, 420
Silveira . 31140-520
Belo Horizonte . MG
Tel.: (55 31) 3465 4500

São Paulo
Av. Paulista, 2.073 . Conjunto Nacional
Horsa I . Salas 404-406 . Bela Vista
01311-940 . São Paulo . SP
Tel.: (55 11) 3034 4468

www.grupoautentica.com.br
SAC: atendimentoleitor@grupoautentica.com.br

DR. PAULO MATTOS

NO MUNDO DA LUA

100 PERGUNTAS E RESPOSTAS SOBRE O **TRANSTORNO DO DÉFICIT DE ATENÇÃO COM HIPERATIVIDADE**
TDAH

17ª EDIÇÃO | REVISADA E AMPLIADA
5ª REIMPRESSÃO

autêntica

Aos meus pais, obrigado por tudo!

SUMÁRIO

	PÁGINA
Sobre o autor	*15*
Prefácio da 17ª edição	*17*

	CAPÍTULO 1 – INTRODUÇÃO	*21*
1	O que é o TDAH, o Transtorno do Déficit de Atenção com Hiperatividade?	*23*
2	Mas isso é o suficiente para se ter um diagnóstico de TDAH?	*25*
3	O TDAH é uma doença inventada?	*26*
4	E por que existe tanto "barulho" por conta do diagnóstico de TDAH?	*27*
5	Essa não seria uma tentativa de se controlar o comportamento de crianças?	*29*
6	Por que o TDAH não pode ser considerado apenas um comportamento mais exuberante?	*31*
7	Mas a mídia muitas vezes mostra divergências sobre o TDAH!	*33*
8	Quais são os problemas associados ao TDAH?	*36*
9	O TDAH pode trazer benefícios para o portador?	*38*
10	É possível ter TDAH sem que isso cause problemas?	*40*
11	Por que um livro de perguntas e respostas?	*43*

PÁGINA

◖ CAPÍTULO 2 – OS SINTOMAS — *45*

12	Todo portador de TDAH é parecido?	*47*
13	É difícil diagnosticar o TDAH?	*58*
14	Então as críticas sobre o diagnóstico de TDAH ser pouco "sólido" estão corretas?	*60*
15	Existem tipos diferentes de TDAH?	*62*
16	Existe TDAH somente com desatenção?	*65*
17	O TDAH pode persistir na vida adulta?	*66*
18	Mas por que muitos médicos tinham a impressão de que o TDAH não existia em adultos?	*67*
19	Como é feito o diagnóstico de TDAH em adultos?	*69*
20	Outros transtornos podem ter sintomas parecidos com o TDAH?	*71*
21	Como os sintomas de TDAH podem interferir na vida de um adulto?	*73*
22	Por que existem dificuldades de relacionamento no TDAH?	*83*
23	Por que os adultos com TDAH sempre trocam o que estão fazendo?	*86*
24	Existe maior incidência de uso de drogas no TDAH?	*88*
25	Eu tenho TDAH!	*89*
26	Mas todo mundo acha que eu sou desatento!	*91*
27	Existem exames para o diagnóstico do TDAH?	*92*
28	Não é estranho não haver exames para obter um diagnóstico?	*93*

		PÁGINA
29	Como os pais podem suspeitar que a filha ou filho tem TDAH?	*94*
30	A partir de que idade os pais podem perceber os sintomas do TDAH?	*96*
31	Existe diferença do TDAH em meninos e meninas?	*100*
32	Em que época da vida da criança se faz o diagnóstico do TDAH?	*101*
33	Existem outros sintomas do TDAH? Por que eles não estão listados no sistema DSM?	*103*
●	**CAPÍTULO 3 – AS CAUSAS**	*109*
34	O TDAH é um efeito secundário do uso de mídias digitais?	*111*
35	O TDAH é genético?	*113*
36	Existe um gene do TDAH?	*115*
37	Onde entra o ambiente nisso?	*118*
38	Problemas familiares podem causar o TDAH?	*119*
39	Conflitos emocionais podem causar o TDAH?	*120*
40	O TDAH pode ser um efeito do modo como as crianças são educadas?	*122*
41	Posso fazer um exame genético para confirmar um diagnóstico de TDAH?	*124*
42	Qual a principal conclusão dos estudos de genética do TDAH?	*125*
43	Existem outros fatores de risco biológicos que não sejam genéticos?	*126*
44	O que está alterado no cérebro de quem tem TDAH?	*128*

PÁGINA

45	Posso fazer uma ressonância para diagnosticar o TDAH?	131
46	E quanto aos outros tipos de exame?	132
47	Existem outros exames empregados no TDAH?	134

CAPÍTULO 4 - COMORBIDADES — 137

48	Que outros transtornos podem aparecer junto com o TDAH?	139
49	Mas o TDAH por si só não acarreta problemas emocionais?	142
50	Quais os problemas de aprendizado escolar associados ao TDAH?	144
51	Existem problemas clínicos associados ao TDAH?	146
52	Como as consequências do TDAH podem ser minimizadas?	147

CAPÍTULO 5 – VISÃO GERAL DO TRATAMENTO — 151

53	Meu filho vai ter que tomar medicamento?	153
54	A atitude dos pais em relação aos filhos pode "piorar" o TDAH?	157
55	É comum se sentir cansado e sem esperança?	160
56	O que os pais podem fazer para ajudar no tratamento?	162
57	Vamos começar agora mesmo?	165
58	Mas não é difícil ver as vantagens em se mudar um comportamento?	167
59	E naqueles dias em que estou louco de raiva?	168

PÁGINA

60	Por que ele nunca aprende, mesmo com castigo?	*169*
61	Quais outros problemas no relacionamento social e familiar podem ocorrer?	*172*
62	É possível "administrar" a impulsividade?	*174*
63	Como ajudar nas dificuldades de relacionamento?	*177*
64	A falta de memória tem solução?	*180*
65	Qual a comunicação mais eficaz para quem tem TDAH?	*182*
66	Como lidar com o eterno drama dos estudos em casa?	*183*
67	Por onde começar em relação à escola?	*185*
68	Como deve ser o ambiente de estudo em casa?	*186*
69	Como premiar?	*192*
70	É possível estimular alguém que não quer estudar?	*194*
71	Existem dicas especiais para o horário dos deveres de casa?	*198*
72	Que outras coisas são importantes para motivar o estudo?	*200*
73	Existem meios de melhorar a memorização?	*202*
74	Meu filho tira notas ruins porque não estuda!	*204*
75	Existem dicas gerais?	*205*
76	E as dicas para os adultos?	*207*

PÁGINA

CAPÍTULO 6 – A ESCOLA 213

77 Quais são as características ideais de um professor para crianças e adolescentes com TDAH? 221

78 O que os professores devem esperar do desempenho acadêmico? 223

79 Como os professores podem suspeitar de outro problema coexistente? 226

80 E os problemas comportamentais que podem associar-se ao TDAH? 231

81 Quais as principais dicas para o professor? 234

82 Existe algum tipo de escola mais indicada para o portador de TDAH? 238

83 O aluno com TDAH deve receber um tratamento diferenciado? 239

84 Um tratamento especial não vai constranger o aluno? 240

CAPÍTULO 7 – MEDICAMENTOS 243

85 O tratamento do TDAH com medicamentos é obrigatório? 247

86 Como agem os medicamentos no tratamento do TDAH? 248

87 Quais os medicamentos utilizados no tratamento do TDAH? 250

88 É possível utilizar mais de um medicamento? 253

89 Os estimulantes causam dependência? 254

90 Existem eventos adversos graves com o uso de estimulantes? 256

91 Bem, mesmo assim, estou com dúvidas sobre tomar ou não o medicamento. 257

PÁGINA

92	Os medicamentos curam o TDAH?	258
93	Por quanto tempo deve ser seguido o tratamento medicamentoso?	260
94	Então vou ficar prisioneiro de medicamentos?	262
95	Os medicamentos se acumulam no organismo?	263
96	Existem casos em que a medicação não funciona?	264
97	Quando fazer psicoterapia?	266
98	O que é *neurofeedback*?	268
99	O tratamento com fonoaudiólogo é obrigatório?	269
100	Existem outras medidas importantes?	270

• SOBRE O AUTOR

DR. PAULO MATTOS é médico psiquiatra da Universidade Federal do Rio de Janeiro (UFRJ), mestre e doutor em psiquiatria e pós-doutor em bioquímica. É também fundador e membro do comitê científico da Associação Brasileira do Déficit de Atenção (ABDA). Membro da Associação Brasileira de Psiquiatria, da Academia Brasileira de Neurologia e da American Psychiatric Association, atua ainda como coordenador de neurociências do Instituto D'Or de Pesquisa e Ensino (IDOR).

Todos os direitos autorais foram cedidos pelo autor à Associação Brasileira do Déficit de Atenção, uma entidade sem fins lucrativos.

Conheça o site da ABDA, em
www.tdah.org.br

● PREFÁCIO DA 17ª EDIÇÃO

A vida impõe múltiplos desafios. Muitos deles transformam as nossas vidas e, em decorrência, também o destino de milhões de pessoas. Primeiro a nossa família, depois o nosso bairro, a nossa cidade, o nosso país e, no final, a gente se dá conta de que atingiu o mundo inteiro.

Definitivamente, o *No mundo da lua* mudou a realidade das pessoas com TDAH (Transtorno do Déficit de Atenção com Hiperatividade).

Em meados dos anos 2000, o TDAH ainda era um tema desconhecido no Brasil. E eu era apenas uma mãe de dois filhos com TDAH, sem diagnóstico, numa busca desesperada por respostas para as dificuldades que atormentavam suas vidas.

Na angústia de encontrar uma solução, tentei incontáveis alternativas de tratamento e visitei diferentes profissionais: psicólogos, psicanalistas, médicos... A conclusão era sempre a mesma: "a culpa é dos pais" e, mais precisamente, da mãe.

Tal afirmativa comprovava o absurdo da ignorância e que, ainda hoje, é repetida por muitos profissionais. Em meio a tantos tipos de tratamento e tantos profissionais despreparados, experiências como a minha fracassam e geram inúmeros prejuízos: emocionais, financeiros, de saúde e de estabilidade familiar.

Apesar dos meus esforços, eu não conseguia enxergar uma luz no fim do túnel.

Por mais inusitado que isto possa parecer, as respostas que esclareceriam a razão da minha angústia chegariam até mim pela porta do meu próprio consultório.

Sou psicóloga, neuropsicóloga, psicoterapeuta especializada em psicanálise. Minha função profissional e meu propósito de vida sempre foram: trazer luz e compreensão para aqueles que precisam. Naquele momento, no entanto, era eu quem precisava de uma luz, de ajuda para os meus dois filhos. E essa luz chegou até mim pelas mãos de uma paciente, que trazia um livro em sua bolsa. Achei o título *No mundo da lua* engraçado. Mas o tema me pareceu interessante.

Embora o título do livro sugerisse uma viagem à lua, na realidade o que o ele propunha era uma viagem de volta. Um encontro definitivo de uma pessoa, que não sabia o que era TDAH, consigo mesma. Mal sabia eu do poder contido naquelas páginas. Eram apenas palavras impressas em papel, mas que traziam os conteúdos mais preciosos e necessários para aquele momento da minha vida: psicoeducação e conhecimento. Isso me permitiu perder aquela sensação de "não sei nada sobre isso" e mudar para a convicção de que "agora, eu compreendo e sei o que fazer com tudo isso".

Após a leitura de *No mundo da lua*, o Dr. Paulo Mattos deixou de ser para mim apenas o autor do livro e tornou-se a voz da esperança. E como eu ouvi essa voz! Essa voz não só mudou a vida dos meus filhos, como redirecionou a minha, me ensinando tudo que sei hoje sobre TDAH e o que continuo aprendendo.

Do encontro com o autor de *No mundo da lua*, que se tornou o médico dos meus filhos e o meu mestre profissional, surgiu a necessidade de fundar uma instituição que lutasse pela conscientização, diagnóstico e tratamento do TDAH. Foi aí que nasceu a Associação Brasileira do Déficit de Atenção (ABDA), com o objetivo de disseminar informações científicas sobre esse transtorno no Brasil. Hoje, passados quase 20 anos desde a fundação, a ABDA é a única associação sem fins lucrativos que luta em prol das pessoas com TDAH no Brasil. É a maior associação de pacientes da América Latina, e é reconhecida por profissionais e outras associações de pacientes de todo o mundo.

No mundo da lua foi o passaporte para que eu pudesse iniciar uma nova jornada com os meus filhos e com os meus pacientes. Sem dúvida, assim como eu, profissionais da saúde, da educação, pessoas e famílias, que ainda lutam contra o desconhecimento sobre TDAH, têm neste livro um verdadeiro manual, com perguntas e respostas científicas sobre o transtorno. Uma espécie de roteiro de saída contra o estigma e a desinformação.

Dedico minha eterna gratidão ao mestre, parceiro e amigo, Professor Dr. Paulo Mattos, por ter generosamente cedido os direitos autorais, bem como toda a receita proveniente do livro para os projetos da ABDA, desde a sua primeira edição.

À Autêntica Editora, que muito nos honra ao assumir os direitos de publicação e divulgação desta obra, dedico também os meus sinceros agradecimentos por apostar, apoiar e acreditar na nossa causa.

Iane Kestelman
Psicóloga, psicanalista, neuropsicóloga e
Presidente Voluntária da Associação Brasileira
do Déficit de Atenção (ABDA)

PHOTOGRAPHEE.EU/SHUTTERSTOCK

CAPÍTULO 1

INTRODUÇÃO

O que é o TDAH, o Transtorno do Déficit de Atenção com Hiperatividade?

ESTE LIVRO TRATA DE CRIANÇAS, adolescentes e adultos que têm dificuldades em manter a atenção por muito tempo. É comum dizer que eles "vivem no mundo da lua", isto é, acabam pensando em outra coisa (ou em um monte de outras coisas) durante uma conversa, quando estão estudando, lendo, trabalhando, enfim, em vários tipos de situação. Pesquisas demonstram que o TDAH atinge cerca de 5% das crianças e de 2,5% dos adultos, em diferentes regiões do mundo.

Na maioria dos casos, porém nem sempre, essas pessoas são inquietas, não permanecem paradas ou sossegadas por muito tempo, detestam tudo que é monótono ou repetitivo e são impulsivas no seu dia a dia. São pessoas que vivem trocando de interesses e planos, e têm dificuldades em levar as coisas até o fim. Elas tendem a ser desorganizadas e a esquecer coisas com mais facilidade que outras pessoas.

Elas podem enfrentar problemas em sua vida acadêmica (em geral, as queixas começam na escola), bem como nas esferas profissional, social e familiar. Apesar desses sintomas causarem vários problemas na vida do indivíduo, desde cedo, eles podem permanecer durante muito tempo – até mesmo por toda a vida – sem serem considerados como expressão de um *transtorno*, ou seja, nunca levarem a um diagnóstico.

Em mais da metade dos casos desse transtorno, existem outros problemas associados, especialmente quadros de *ansiedade* e *depressão*, que podem se tornar o único foco de preocupação do próprio indivíduo, de seu médico ou psicoterapeuta. Esse problema se chama TDAH, acrônimo de Transtorno do Déficit de Atenção com Hiperatividade, em português; ou *Attention Deficit Hyperactivity Disorder* (ADHD), em inglês. No passado, ele já fora denominado Distúrbio do Déficit de Atenção (DDA); ou *Attention Deficit Disorder* (ADD), em referência aos casos em que não há a presença da Hiperatividade – o "H" do TDAH –, mas isso foi abandonado. ∎

Mas isso é o suficiente para se ter um diagnóstico de TDAH?

O TDAH É RECONHECIDO pela Organização Mundial da Saúde (OMS), instituição responsável pela lista de todas as doenças existentes, desde as mais comuns até as mais raras.

Doenças novas vão surgindo, como a COVID-19; outras desaparecem, como a varíola; e outras mudam de nome – a *artrite de Reiter*, por exemplo, mudou de nome para não acabar homenageando um médico nazista. A sífilis e a hanseníase, esta última antigamente chamada de lepra, foram consideradas a mesma doença por muito tempo porque as manifestações cutâneas eram, por vezes, parecidas. Alguns comportamentos desapareceram da lista oficial porque considerou-se que não havia embasamento científico para classificá-los como doenças médicas, como foi o caso da homossexualidade. Embasamento científico é o que não falta no caso do TDAH, como veremos neste livro. ∎

O TDAH é uma doença inventada?

3

PARA RESPONDER A ESSA PERGUNTA, o melhor é reproduzir o que a Associação Médica Americana (AMA), uma das mais rigorosas e influentes do mundo, disse a esse respeito em 1998, quando se levantou a mesma questão nos Estados Unidos:

> "O TDAH é um dos transtornos mais bem estudados na medicina e os dados gerais sobre sua validade são muito mais convincentes que a maioria dos transtornos mentais e até mesmo que muitas condições médicas". ■

E por que existe tanto "barulho" por conta do diagnóstico de TDAH?

PROVAVELMENTE HÁ VÁRIAS RAZÕES PARA ISSO. Existem grupos que sugerem que o TDAH seja um mero **rótulo** para designar certas crianças que se comportam de forma diferente. Como veremos neste livro, o TDAH se associa a uma série de desfechos negativos durante a vida: maior índice de fracasso acadêmico, maior número de divórcios, maior ocorrência de acidentes e maior taxa de desemprego. **Portanto, não se trata apenas de crianças que se comportam de modo diferente das demais.**

Nosso cérebro é naturalmente estruturado para classificar automaticamente as coisas e agrupá-las em categorias – e essas categorias não são o problema, mas sim o uso que se faz delas. Qualquer diagnóstico é uma categoria e implica na existência de alguma disfunção. Há outros grupos que, inacreditavelmente, julgam que se trata de **questões sociais**, num eco tardio das ideias de Jean-Jacques Rousseau: "o homem nasce bom e puro, é a sociedade que o torna diferente".

Outros ainda não acreditam no diagnóstico de TDAH pelo simples fato de que os sintomas podem ser observados, em diferentes graus, em qualquer pessoa. Existem dois tipos de diagnóstico em medicina. No caso de algumas doenças, como o câncer e a hepatite, ou você está no grupo dos que **têm** ou no dos que **não têm**. Neste caso, falamos em **diagnóstico por categorias ou categoriais**. Porém, em outros vários casos, o diagnóstico é definido a partir de um determinado ponto, embora todo mundo tenha aquela característica ou comportamento, em algum grau. Neste caso, fala-se em **diagnósticos dimensionais**, ou seja, de dimensão. Existem muitos exemplos de diagnóstico comuns e bem conhecidos de todos: hipertensão arterial (pressão alta), diabetes, glaucoma, entre outros.

Os diagnósticos dimensionais são muito comuns. Embora todo mundo tenha pressão arterial (uns tem pressão mais baixa, outros na média, outros no limite superior da normalidade), alguns indivíduos têm pressão **muito alta**. Mais alta que a grande maioria dos indivíduos da população. E o que acontece com eles? Cada aumento de 20mm na pressão sistólica (máxima) ou 10mm na pressão diastólica (mínima) **dobra** a chance de morte por doença cardiovascular. O mesmo ocorre no caso do diabetes melito: todo mundo tem açúcar no sangue, uns mais, outros menos. Algumas pessoas têm níveis de açúcar que a maioria da população não tem, o que acarreta inúmeros problemas em suas vidas. Nós os chamamos de **diabéticos**.

O diagnóstico de TDAH, como o da hipertensão arterial e o do diabetes, é dimensional. Todo mundo tem alguns sintomas de desatenção e inquietude, mas algumas pessoas – cerca de 5% da população infantil – têm muito mais sintomas que os demais; e esse "excesso" de sintomas, que 95% das pessoas não possuem, causam muitos problemas em suas vidas, como veremos adiante.

Portanto, não se trata de ter ou **não ter** sintomas de desatenção ou de hiperatividade. O que determina se existe ou não um problema é **o quanto** você tem desses sintomas. Não existe o grupo dos **completamente atentos** e dos **completamente desatentos**. ▪

Essa não seria uma tentativa de se controlar o comportamento de crianças?

NO CASO DO TDAH, estamos falando de uma grande dificuldade em prestar atenção, de ficar tranquilo e aproveitar os momentos de lazer, de ser capaz de gerenciar suas emoções e controlar seus impulsos. Vamos começar pelos adultos. O que você acharia se o seu dentista não prestasse atenção à sua boca e levantasse a toda hora para fazer outras coisas? E se o porteiro não prestasse atenção ao seu bom-dia e, além disso, "não soubesse onde enfiou as suas cartas que chegaram pelo correio"? E se o caixa do supermercado simplesmente resolvesse discutir acaloradamente com você por um erro de troco que ele mesmo cometeu e não se deu conta? E se a sua namorada não estivesse prestando a devida atenção enquanto você fizesse uma declaração de amor ou resolvesse a todo instante conferir se chegou uma mensagem no celular?

Acho bastante razoável que os pais desejem que seus filhos prestem atenção ao que o professor está dizendo em sala de aula, não se levantem a toda hora e nem façam bagunça atrapalhando os demais, que não têm absolutamente nada a ver com isso, e que consigam estudar quando chegam em casa. Francamente, não consigo entender por que isso é algo **horrível** para algumas pessoas. Crianças frequentemente não têm a ideia formada sobre o quanto o aprendizado é importante em suas vidas. Por que exatamente os pais não deveriam ter expectativas quanto ao comportamento delas?

Acho que muitas pessoas confundem isso com intolerância quanto às diferenças pessoais, tais como: o modo de se vestir, crenças pessoais, hábitos cotidianos, religião, sexualidade etc. **Uma coisa é não tolerar diferenças individuais; outra bem diferente é não querer que seu filho tenha sintomas de um transtorno com bases biológicas que compromete sua capacidade de aprender, de se desenvolver e de ter um relacionamento saudável com as outras pessoas.**

Desejar tratar o TDAH é querer que seu filho compense deficiências – todo mundo consegue prestar atenção e ficar sentado, concentrado, menos ele – e fique em **pé de igualdade** com os demais. É querer que ele possa se desenvolver como os outros.

Voltando aos diagnósticos dimensionais: é exatamente porque temos uma **faixa de variação** do normal, que sabemos quando precisamos tratar alguém que está com o índice de açúcar **alto demais** ou com pressão **alta demais**. Se fôssemos considerar que **cada um é de um jeito**, então não trataríamos diabetes, hipertensão, obesidade e mais um sem-número de doenças. Sim, nós tratamos tanto as doenças **categoriais** quanto as **dimensionais**. ∎

Por que o TDAH não pode ser considerado apenas um comportamento mais exuberante?

NÃO SEI BEM AO CERTO por que algumas pessoas insistem nessa questão, mas tenho várias hipóteses. Uma delas é de que essas pessoas têm uma enorme dificuldade em aceitar a existência de **doenças** acometendo o comportamento. Doenças neuropsiquiátricas então, nem pensar. Quanto mais em crianças!

Aliás, sempre tive uma curiosidade: como é possível admitir que existem inúmeras doenças **orgânicas** no corpo (diabetes, hepatite, asma, câncer, hipertensão, entre outras), porém, do pescoço para cima (isto é, no nosso cérebro), quase tudo é **psicológico**?

Bem, algumas pessoas admitem que existem problemas **orgânicos** na cabeça, mas, curiosamente, apenas em áreas cerebrais muito específicas, como nos casos do *Alzheimer* ou *Parkinson*. Contudo, as áreas cerebrais responsáveis pelo comportamento, pelo controle de impulsos e pela atenção, nunca têm problemas **orgânicos**? Com bilhões de circuitos que utilizam milhares de neurotransmissores diferentes, nunca nada falha também nessas regiões? Francamente! Como existe muito preconceito e estigma sobre transtornos mentais na sociedade, algumas pessoas têm dificuldade em aceitar que existe um **problema químico** ou biológico no seu sistema nervoso central.

Algumas pessoas, acredito que bem-intencionadas, apesar de desinformadas, acreditam que somente quadros muito graves e incapacitantes podem ser considerados "transtornos mentais", como é o caso da *esquizofrenia*.

A *depressão*, algo muito mais comum que o TDAH, também é considerada um **transtorno mental**. De novo, a questão dos diagnósticos dimensionais: estar triste, na fossa, de luto ou com dor de cotovelo, são coisas comuns a todos nós. Entretanto, algumas pessoas têm sintomas mais intensos e duradouros, com ou sem fatores desencadeantes. Esses sintomas representam um **transtorno** que precisa ser tratado.

Veja a definição da Organização Mundial da Saúde para o termo **transtorno mental**:

> (...) um comportamento significativo, uma síndrome ou padrão psicológico de um indivíduo que se associe a estresse atual, ou incapacidade, ou risco significativamente aumentado de sofrimento.

Portanto, o TDAH é considerado claramente um transtorno mental, do mesmo modo que a *depressão*, a *ansiedade*, o alcoolismo etc.

Em certa ocasião, um estudioso de dificuldades de aprendizado disse algo muito interessante: "Cada criança é como todas as outras, como algumas crianças e como nenhuma outra criança". Com isso, ele quis dizer que existem coisas no comportamento de uma criança que são comuns em todas as demais crianças, isto é, são normais para aquela idade. Gostar de brincar e fazer certa bagunça são algumas delas. Em alguns casos, entretanto, existem grupos de crianças que apresentam características particulares, que não são observadas nas crianças em geral. Este é o caso das crianças com TDAH, que somam perto de 5% da população. Elas têm um comportamento que não é observado nas demais crianças, ou seja, nos outros 95% delas, na mesma intensidade e frequência. ■

Mas a mídia muitas vezes mostra divergências sobre o TDAH!

CAPÍTULO 1

PODE SER DIFÍCIL PARA UM LEIGO saber exatamente em quem **acreditar**, já que o que não falta são informações completamente diferentes veiculadas na mídia impressa, na TV e na internet.

Um grande jornal brasileiro, ao entrevistar um dos maiores pesquisadores mundiais sobre TDAH – eu estava presente! –, resolveu posteriormente contrapor as opiniões dele, todas elas fundamentadas cientificamente, às de um outro indivíduo que jamais publicou um único artigo científico sobre o assunto (eu verifiquei isso exaustivamente), e nunca participou de qualquer pesquisa científica. O título da reportagem era: "Especialistas divergem sobre o TDAH". Não se sabe por que o outro indivíduo era considerado um especialista. Mais ainda, não se sabe por que sua opinião era sequer relevante.

Acontece ainda de a mídia criar medos infundados ao falar de efeitos colaterais que não existem – e invariavelmente entrevista alguém que não é pesquisador e tampouco especialista no assunto –, ou então associar o uso do medicamento à "falta de paciência para estudar com o filho", como foi publicado recentemente numa revista. No Brasil e no mundo, não faltam matérias em que "especialistas" afirmam que o TDAH é uma **doença inventada** que se trata de uma invenção dos médicos para justificar o tratamento e das empresas farmacêuticas para ganhar dinheiro vendendo medicamentos. Recentemente, um *hoax* – divulgação em massa de *fake news* – circulou na internet dizendo que um dos "criadores" do diagnóstico de TDAH se arrependia e, ao final da vida, reconhecia que o TDAH não existia.

Em primeiro lugar, procure saber quem é o tal "especialista"; muitas vezes um profissional que simplesmente viu a oportunidade de **aparecer** falando de modo a criar polêmica. Consulte os bancos de dados de pesquisa científica, como o PubMed e o Scielo, disponíveis na internet. Quantos artigos científicos ele já escreveu? De quantas pesquisas científicas ele já participou? Nenhuma? **Fica difícil acreditar em alguém que tem uma opinião tão polêmica e nunca tenha feito uma pesquisa séria**, publicada em uma revista científica.

É óbvio que escrever em sites na internet ou publicar livros – como este que você está lendo, inclusive – não vale. Qualquer um pode fazer essas coisas, desde que tenha dinheiro para bancar os custos!

Inacreditável mesmo foi uma reunião, fartamente propagandeada e com apoio de órgãos oficiais brasileiros, em que diversos profissionais foram dar sua opinião sobre o TDAH. Na verdade, o termo correto seria **palpite** e a sua relevância tende a ser mínima ou nula em medicina. Fiz questão de procurar o currículo de cada um deles: nenhum – você leu certo – **nenhum deles jamais havia participado de qualquer pesquisa sobre o assunto**. Alguns haviam escrito textos teóricos nos quais simplesmente divagavam sobre o tema, ou seja, novamente *palpites*. Outros ainda haviam supervisionado teses acadêmicas teóricas – de novo, de novo... pesquisa que é bom, nada! **Informação científica, nada!**

Por que a pesquisa científica é importante? Porque antes de ser realizada, precisa ser previamente avaliada e aprovada por um comitê de ética da universidade ou de um centro de pesquisa oficialmente reconhecido. Nenhum membro da equipe de pesquisa pode participar do comitê. Após sua aprovação, a pesquisa é supervisionada pelo comitê até o final. Todos os resultados devem ser publicados numa revista científica, e os avaliadores externos, cujos nomes quase nunca são revelados, deverão aprovar o texto. Após publicado, todo mundo poderá ler, tentar reproduzir, apontar erros que não foram vistos anteriormente pelos avaliadores e assim por diante. Ou então refazer tudo com o mesmo método e mostrar resultados completamente diferentes.

Agora, imagine que eu faça um texto **contra** o diagnóstico ou o tratamento do TDAH – lindamente escrito, com inúmeras citações de filósofos, poetas e até mesmo sambistas famosos –, falando sobre a **medicalização** do comportamento, isto é, sobre a tentativa de tornar um comportamento normal em algo anormal, para que possa ser então objeto de tratamento pelos médicos. Como ele pode ser contestado? Apenas com palpites e bate-boca, mas se eu disser que o medicamento X é eficaz no tratamento do TDAH em 90% dos casos, ou que os portadores de TDAH tem determinada alteração Y no funcionamento cerebral, é facílimo saber se eu estou mentindo! ∎

Quais são os problemas associados ao TDAH?

8

O TDAH CAUSA MUITOS PROBLEMAS! Se você está lendo este livro porque acha que é portador de TDAH ou conhece alguém próximo que é, já sabe a resposta, não é mesmo? Ninguém lê um livro sobre uma coisa que não causa problemas a ninguém ou cuja importância é mínima.

A seguir, uma lista de problemas demonstrados em **estudos científicos** que acontecem com maior frequência em portadores de TDAH, quando são comparados a outras pessoas da mesma idade e classe social, porém sem o transtorno:

CRIANÇAS E ADOLESCENTES

Maior frequência de acidentes.*

Mais problemas de aprendizado escolar.

Maior frequência de reprovações, expulsões e abandono escolar.

Maior incidência de abuso de álcool e drogas ao final da adolescência.

Maior incidência de *depressão* e *ansiedade*.

Maior incidência de obesidade.

ADULTOS

Maior incidência de acidentes.*

Maior incidência de desemprego.

Maior incidência de divórcio.

Menos anos de escolaridade completados.

Maior frequência de acidentes com veículos.

Maior incidência de abuso de álcool e drogas.

Maior incidência de *depressão* e *ansiedade*.

Maior incidência de obesidade.

Maior incidência de suicídio.

*Acarretando, inclusive, um aumento na taxa de mortalidade.

Em alguns casos, o comprometimento da vida diária não é evidente num contato mais superficial. Apenas quando conversamos com o indivíduo acerca de suas relações interpessoais e de sua vida profissional é que percebemos sintomas típicos do TDAH e o quanto eles interferiram na vida do indivíduo. Em geral, são pessoas que têm muitas outras habilidades e uma capacidade intelectual que permite **driblar** o TDAH em várias situações e durante algum tempo, mas não em muitas delas e nem o tempo todo. ■

O TDAH pode trazer
benefícios para o portador?

ALGUNS PORTADORES DE TDAH podem ser indivíduos bem-sucedidos em algumas áreas de suas vidas, de modo independente do transtorno, mas terão invariavelmente problemas em outras.

Este é um outro ponto: frequentemente lemos em revistas que **fulano**, geralmente um personagem famoso, era portador de TDAH. Se o TDAH tem impacto tão ruim na vida das pessoas, como seria possível o tal fulano ter sido alguém tão importante e famoso? Em primeiro lugar, não se sabe se tal sujeito era realmente portador de TDAH. Já vi alguns casos de personagens famosas terem **diagnóstico de TDAH**, apesar de suas biografias oficiais indicarem que eram portadores de outro transtorno completamente diferente!

É a tal história de que **Einstein teria TDAH**. Em primeiro lugar, não há evidências minimamente razoáveis quanto a isso. Em segundo: o raciocínio de que "se o TDAH realmente causasse problemas, ele não teria sido quem foi" é, na melhor das hipóteses, absurdo. Nós temos um ganhador de Prêmio Nobel em Matemática que era esquizofrênico – John Nash, retratado no filme *Uma mente brilhante*. Isso quer dizer que a *esquizofrenia* não é um problema sério? Pessoas excepcionalmente inteligentes conseguem feitos incríveis **apesar** de terem problemas.

Além disso, **o TDAH não dá em poste, dá em gente**. Pessoas que têm uma história pessoal, uma família, uma personalidade e vários outros aspectos que determinarão o **resultado final**. Alguém que tenha inteligência muito acima da média, por exemplo, também pode ter TDAH. Também pode ter uma série de outros problemas como: *dislexia*, *depressão*, *fobias* etc. Uma coisa não impede a outra. Pode ser bem-sucedido em uma determinada área, porque sua inteligência e seu perfil de personalidade minimizam o impacto do transtorno.

Pode-se dizer que os sintomas do TDAH não trazem benefícios para ninguém; pelo contrário, só trazem problemas. Naqueles indivíduos com muitas outras habilidades, esses problemas podem não ser tão aparentes ou mesmo ficarem minimizados em determinados contextos. ■

É possível ter TDAH sem que isso cause problemas?

10

NÃO. SE EXISTE O DIAGNÓSTICO é porque os sintomas causam problemas. Podem não ser muito evidentes aos olhos dos outros, especialmente aqueles que não convivem mais intimamente com o indivíduo. Algumas pessoas têm um ou outro sintoma, mas, nesses casos, não se pode dizer que sejam portadoras do TDAH propriamente dito.

Pedro e Paulo* eram médicos, que moravam em cidades diferentes e se encontravam eventualmente nas reuniões científicas. Ambos pesquisavam o TDAH nas suas universidades e se divertiam com o fato de que um outro médico amigo deles, também professor, mais velho e considerado um dos mais renomados do país, não aceitava o fato de eles próprios se dizerem portadores do TDAH, porque eram bem-sucedidos. Achava que eles exageravam e estavam fazendo diagnóstico em quem **não tinha nada**. Provavelmente ele ainda tinha a antiga concepção de que os portadores do TDAH têm muitos problemas e não chegam a

---
* Nomes fictícios

ter o status profissional e social que Pedro e Paulo tinham. Em certa ocasião, o tal professor estava reunido com Paulo na sua cidade e durante uma conversa lhe disse que "era claro que ele não tinha TDAH". Quando Paulo mencionou o fato no dia seguinte à sua assistente, ela respondeu divertidamente: "Ah, é? Por que você não o convida para passar uma semana com você aqui na clínica e ver como é o dia a dia ao seu lado?". Convivendo apenas nos congressos e assistindo às palestras, dificilmente seria possível ver as inúmeras dificuldades apresentadas por Paulo. Apesar disso, era um profissional bem-sucedido e bem considerado no meio acadêmico.

Este livro aborda os sintomas do TDAH e fornece algumas orientações para quem tem ou lida com o transtorno, seja com o marido, um filho ou um aluno. Frequentemente neste livro não se fará distinção entre aspectos infantis e adultos. O TDAH pode ser um problema para toda a vida, crônico na maioria dos casos – em mais de 60% –, causando dificuldades tanto para o garoto que vai à escola quanto para o adulto que é casado, tem filhos e trabalha.

Compreende-se melhor o TDAH do adulto quando se conhece os sintomas que o portador apresenta desde pequeno. Muitos sintomas do adulto são consequência de toda uma vida com TDAH; outros são os mesmos sintomas de criança e adolescente, porém com uma **nova roupagem**; e, ainda, outros são relativos ao aparecimento de problemas emocionais, que acontecem com maior frequência nos portadores de TDAH.

Em geral, os sintomas são basicamente os mesmos, se expressando de forma parecida nas diferentes etapas da vida: o aluno que não presta atenção ao que a professora diz e a esposa que parece não escutar o que o marido está contando; a aluna que não para sentada um minuto sequer e a profissional que vive arranjando coisas para fazer e se movimentar o tempo todo; o garoto que responde a pergunta sem ler até o final porque é impulsivo e o marido que decide as coisas sem consultar a esposa. Foi justamente por se acreditar que o TDAH era um problema exclusivamente infantil, que muitos adultos de hoje não receberam o diagnóstico nem o tratamento adequados. ▪

Por que um livro de perguntas e respostas?

O LIVRO FOI ESCRITO ASSIM porque provavelmente muitos dos leitores são portadores de TDAH e, como estamos carecas de saber, eles não leem por muito tempo nem gostam de textos longos. Eles também gostam de ir **saltando** partes. ■

FIZKES/SHUTTERSTOCK

CAPÍTULO 2

OS SINTOMAS

Todo portador de
TDAH é parecido?

12

CAPÍTULO 2

CLARO QUE NÃO, da mesma forma como não existem dois diabéticos "iguais", cada caso é um caso. Mesmo que o nível de açúcar no sangue seja exatamente o mesmo em dois diabéticos, muitas diferenças podem existir: um pode ser gordo e o outro, magro; um deles pode contar com a ajuda da família em casa e o outro não; um deles pode não "resistir" a chocolates; um pode ter boa resposta a um tipo de insulina e outro não. Pessoas portadoras de TDAH têm muitas coisas em comum, mas não são necessariamente iguais.

De todos os 18 sintomas que constituem o TDAH, alguns portadores manifestam os sintomas A, B e C; enquanto outros, os sintomas B, C e D. Não é necessário ter todos os sintomas, mas apenas um determinado número mínimo deles, como ocorre em qualquer outro transtorno. Portanto, os sintomas permitem diferentes "arranjos" – muitas dezenas, na verdade –, embora saibamos que tendam a aparecer juntos.

Os portadores são indivíduos com históricos pessoais, personalidades diferentes, estilos de vida particulares, idiossincrasias, outros problemas associados, contextos familiares distintos etc. Os sintomas podem variar quanto ao "arranjo", mas a sua expressão vai depender também de **quem** é o indivíduo que tem esse transtorno.

O TDAH se caracteriza por uma combinação de dois grupos de sintomas:

Desatenção.

Hiperatividade e impulsividade.

Os sintomas listados são aqueles descritos no DSM-5 (*Diagnostic and Statistical Manual, 5th edition*), um manual preparado pela Associação Americana de Psiquiatria que lista todos os sintomas de todas as enfermidades psiquiátricas existentes, tornando os diagnósticos mais padronizados, mais homogêneos entre os profissionais.

A seguir, são apresentados os sintomas e alguns exemplos que podem ocorrer no cotidiano. Todos eles devem ser observados por pelo menos 6 meses, no caso das crianças ou dos adolescentes serem incompatíveis com a idade:

SINTOMAS DE DESATENÇÃO

Observação: todos os itens a seguir devem ocorrer frequentemente ou muito frequentemente:

1) DEIXAR DE PRESTAR ATENÇÃO EM DETALHES OU COMETER ERROS POR FALTA DE ATENÇÃO.

- ◉ Muitos erros por falta de atenção nos trabalhos da escola.
- ◉ Muitos erros por não ler o enunciado das questões corretamente (não atentar para os detalhes).
- ◉ Deixar questões em branco porque não "viu" que havia mais questões.
- ◉ Deixar de responder o verso da página porque "esqueceu" de verificar se as questões continuavam do lado de trás.

- Marcar errado as respostas no final, apesar de ter desenvolvido corretamente as questões.

- Errar contas por errar os sinais matemáticos (adição, subtração etc.).

- Errar quando passava algo de uma linha para outra ("passar errado").

- Precisar de mais tempo que os demais para finalizar um trabalho com muitos detalhes.

- Os pais precisam rever constantemente as tarefas para corrigir erros.

> **Importante:** indivíduos com ***dislexia***, uma dificuldade de leitura que veremos adiante, ou ***discalculia***, uma dificuldade com matemática, podem cometer erros devido a esses problemas, mesmo sem terem TDAH!

2) TER DIFICULDADE PARA MANTER A ATENÇÃO ENQUANTO SE ESTÁ FAZENDO UMA ATIVIDADE.

- Dificuldade para se manter atento nos deveres realizados em sala de aula, ou em casa, ou para se manter atento ao que o professor está ensinando em sala de aula. Ser facilmente distraído pelos próprios pensamentos fazendo deveres de casa ou estudando. Ficar rapidamente entediado com as coisas (exceto aquelas das quais gosta muito).

- Precisar de supervisão constante dos pais para se manter atento nos deveres em casa, ou dos professores para se manter atento nos deveres em sala de aula. Perguntar coisas que o professor acabou de falar para a turma porque "não estava ouvindo".

- Ter dificuldade de se manter atento em brincadeiras ou jogos (exceto aqueles dos quais gosta muito).

3) TER DIFICULDADE PARA SE CONCENTRAR NO QUE AS PESSOAS DIZEM QUANDO ELAS ESTÃO FALANDO DIRETAMENTE COM VOCÊ.

- Não saber o que os professores ou os pais acabaram de falar. Os outros percebem que está com a mente em outro lugar durante uma conversa, com os pais ou até mesmo com os amigos (falando diretamente com ele).
- Ser preciso olhar nos seus olhos ou levantar a voz para que preste atenção numa conversa. Necessidade de se repetir as instruções (orientações ou ordens) ou perguntas, pelos professores ou pais.
- Responder algo diferente do que acabou de ser perguntado pelos professores ou pais (falando diretamente com ele).

4) DEIXAR AS COISAS PELA METADE, SEM TERMINAR.

- Não seguir instruções e orientações dos professores ou dos pais até o fim.
- Ter dificuldade com tarefas que exigem várias etapas consecutivas (só fazer uma parte delas).
- Os deveres de casa ficam incompletos ou precisam de supervisão constante para não ficarem incompletos.

5) TER DIFICULDADE PARA ORGANIZAR E PLANEJAR AS ATIVIDADES.

- Ter dificuldade de estar pronto na hora combinada.

- Ter dificuldade de se arrumar (banho, roupa etc.) e arrumar suas coisas no tempo necessário.

- Seu quarto ou escrivaninha vivem bagunçados.

- Ter dificuldade de se organizar para fazer os deveres em casa (juntar todo o material necessário), ou ter dificuldade em saber o que estudar, de acordo com o calendário da escola, de provas etc. Ter dificuldade de saber quais as tarefas que devem ser entregues de acordo com o calendário da escola.

- Chegar atrasado aos compromissos.

6) EVITAR OU ADIAR TAREFAS QUE EXIGEM ESFORÇO MENTAL POR MUITO TEMPO.

- Evitar fazer deveres de casa que exijam muito tempo para serem completados.

- Evitar, adiar ou não gostar de estudar para as provas, ou deixar tudo para "em cima da hora".

- Evitar, adiar ou não gostar de tarefas escolares que exijam concentração por muito tempo.

- Evitar jogos que exijam concentração (exceto se forem excitantes, como alguns videogames).

- Evitar, adiar ou não gostar de tarefas monótonas ou repetitivas.

Importante: indivíduos com *dislexia* também evitam deveres de casa que envolvam leitura.

7) PERDER AS COISAS OU COLOCAR FORA DO LUGAR E DEPOIS GASTAR MUITO TEMPO PROCURANDO.

- Perder material escolar (canetas, cadernos, estojos etc.).
- Perder casacos, uniforme de ginástica ou mochila.
- Perder brinquedos. Perder a chave, carteira ou celular.
- Gastar muito tempo procurando as coisas em casa.

8) DISTRAIR-SE COM O AMBIENTE À SUA VOLTA ENQUANTO ESTÁ FAZENDO ALGUMA ATIVIDADE QUE EXIJA CONCENTRAÇÃO.

- Ficar distraído olhando pela janela ou pela porta da sala, na escola.
- Ficar distraído com qualquer barulho ou conversa à sua volta.
- Ficar distraído com objetos ao seu redor.

9) ESQUECER-SE DE COMPROMISSOS OU DE COISAS QUE FORAM COMBINADAS COM OUTRAS PESSOAS.

- Esquecer atividades previamente comunicadas ou combinadas na escola (provas, entrega de deveres, atividades extraclasse etc.)
- Esquecer de levar trabalhos de casa (deveres, trabalhos, pesquisas) para a escola.
- Esquecer o que a professora pediu ou combinou em sala de aula, ou mesmo de anotar na agenda.
- Esquecer de levar para a escola o material que foi pedido que o aluno trouxesse de casa.

- Esquecer de avisar aos pais sobre eventos na escola (passeios, reuniões etc.).
- Esquecer de dar recados importantes que foram ditos pessoalmente a ele ou por telefone.

SINTOMAS DE HIPERATIVIDADE-IMPULSIVIDADE

Observação: todos os itens a seguir devem ocorrer frequentemente ou muito frequentemente:

1) FICAR SE REMEXENDO NA CADEIRA OU MEXENDO COM AS MÃOS OU BALANÇANDO AS PERNAS ENQUANTO ESTÁ SENTADO.

- Os professores ou os pais precisam mandar que se sente sossegado, quieto.
- Ficar balançando os pés, mexendo no cabelo, estalando ou tamborilando os dedos. Ficar mexendo com a caneta ou outros objetos sobre a mesa.

2) LEVANTAR-SE DA CADEIRA EM SITUAÇÕES EM QUE DEVERIA FICAR SENTADO, COMO EM REUNIÕES, PALESTRAS OU AULAS.

- Levantar-se muito em sala de aula; os professores precisam mandar que fique sentado.
- Os professores dizem que toda hora pede para ir ao banheiro ou se levanta para pegar algo com alguém.
- Ter dificuldades para ficar sentado durante as refeições.
- Ter dificuldade para ficar sentado durante os deveres de casa.
- Ter dificuldade para ficar sentado durante jogos ou assistindo TV ou filme.

3) CORRER OU SUBIR NAS COISAS (EM ADOLESCENTES E ADULTOS: SENTIR-SE INQUIETO OU AGITADO "POR DENTRO").

- Viver correndo de um lado para outro.
- Viver subindo nos móveis, pulando no sofá.
- Viver subindo em árvores, muros.
- Sentir-se inquieto "por dentro".

4) TER DIFICULDADE PARA PERMANECER CALMO, RELAXADO QUANDO ESTÁ BRINCANDO OU JOGANDO (EM ADOLESCENTES E ADULTOS: QUANDO TEM TEMPO LIVRE, LAZER).

- Falar alto demais ou gritar durante jogos ou brincadeiras.
- Não conseguir ver TV ou filmes de modo sossegado, tranquilo.
- Os outros precisam falar para que fique calmo ou quieto.
- Ficar rapidamente mais excitado que os demais nas brincadeiras.

5) ESTAR ATIVO DEMAIS, COMO SE ESTIVESSE COM UM MOTOR LIGADO.

- Excessivamente ativo na escola ou em casa.
- Parecer estar com energia demais.
- Parecer sempre estar ocupado com alguma coisa.
- Parecer sempre estar com pressa para fazer algo.

6) FALAR DEMAIS.

- Professores dizem que fala demais em sala.
- Ficar de castigo por falar demais.

- Atrapalhar os outros porque fala demais.
- Os pais dizem que fala demais nas refeições ou em outras situações familiares.
- Não deixar os outros falarem na conversa.

7) RESPONDER ANTES DOS OUTROS TERMINAREM A PERGUNTA OU INTERROMPER ANTES DOS OUTROS TERMINAREM DE FALAR.

- Falar sem antes pensar na resposta.
- Responder antes que o professor ou o pai termine a pergunta.
- Interromper a frase dos outros no meio.
- Completar a frase dos outros.

8) DIFICULDADE PARA ESPERAR A SUA VEZ.

- Ter dificuldade para esperar a vez em atividades em grupo.
- Ter dificuldade para esperar a vez em sala de aula.
- Querer ser o primeiro a falar, responder ou agir.
- Ficar muito impaciente até chegar a sua vez.
- Ter dificuldade para ficar em filas.

9) INTERROMPER OS OUTROS QUANDO ELES ESTÃO OCUPADOS OU SE INTROMETER NA CONVERSA DOS OUTROS.

- Interromper a conversa dos outros sem estar participando dela.
- Interromper os jogos ou brincadeiras dos outros.
- Não esperar ou pedir permissão para fazer as coisas.

Para crianças e adolescentes: são necessários pelo menos 6 sintomas de desatenção entre os 9 mencionados e/ou 6 sintomas de hiperatividade/impulsividade dentre os 9 citados.

Para adultos: são necessários pelo menos 5 sintomas de desatenção entre os 9 mencionados e/ou 5 sintomas de hiperatividade/impulsividade entre os 9 citados.

É **obrigatório** ainda para concluir o diagnóstico:

1) QUE VÁRIOS DESSES SINTOMAS ESTEJAM PRESENTES DESDE CEDO (ANTES DOS 12 ANOS).

Sintomas de TDAH que surgem tardiamente podem ser expressão de um outro problema (principalmente *ansiedade, depressão e transtorno bipolar*), sem que exista necessariamente TDAH.

2) QUE VÁRIOS DESSES SINTOMAS CAUSEM PROBLEMAS EM PELO MENOS DOIS CONTEXTOS DIFERENTES (POR EXEMPLO, CASA E ESCOLA).

Se os sintomas parecem ocorrer apenas num contexto (por exemplo, na escola) é preciso investigar se existe realmente TDAH ou se há problemas de relacionamento, graus elevados de exigência etc., nesse ambiente. Algumas vezes, é verdade, os pais tendem a minimizar os problemas e achar que a escola **está implicando** com seu filho. Caberá ao médico ou ao psicólogo investigar se esse é o caso.

3) QUE ESSES SINTOMAS ATRAPALHEM CLARAMENTE A VIDA DO INDIVÍDUO, SEJA NA ESCOLA, EM CASA, NA PROFISSÃO, SEJA NO RELACIONAMENTO COM OUTRAS PESSOAS.

Esquecimentos eventuais, desatenção sem maiores consequências, alguma inquietude em determinadas circunstâncias, não caracterizam um transtorno médico que mereça ser tratado.

4) QUE ELES NÃO SEJAM MAIS BEM EXPLICADOS POR UM OUTRO PROBLEMA (POR EXEMPLO, ANSIEDADE OU DEPRESSÃO, CUJOS SINTOMAS SÃO MUITO PARECIDOS).

Aqui, apenas um profissional especializado poderá dizer se os sintomas não são mais bem atribuídos a um outro problema. ■

*Os sintomas podem variar quanto ao "arranjo", mas a sua expressão vai depender também de **quem** é o indivíduo que tem esse transtorno.*

É difícil diagnosticar o TDAH?

13

À **PRIMEIRA VISTA**, tendo em mãos a lista de sintomas e de demais critérios para o diagnóstico, qualquer um poderia fazer o seu próprio diagnóstico. Além do seu, poderia também fazer o de sua mãe, o do vizinho, o da secretária. Ou seja, parece facílimo diagnosticar o TDAH.

Surpresa! Pode ser muito, muito difícil fazer esse diagnóstico. Por isso, ele deve ser feito por alguém com experiência não apenas no TDAH, como também em diversos outros diagnósticos que podem ser confundidos com ele, como veremos ao longo do livro.

Conheço várias pessoas que me dizem ter feito seu autodiagnóstico e, em menos de dez minutos de conversa sobre o assunto, sei que não é **nem de longe** um caso de TDAH.

Um dos grandes desafios da psiquiatria é que não temos, até o momento, os chamados **biomarcadores** (marcadores biológicos), que são aqueles achados laboratoriais (sejam resultados de exames de sangue, biópsia ou neuroimagem, por exemplo) que são usados para diagnosticar doenças, tais como: diabetes, câncer, *epilepsia*, entre outras. Para tornar isso ainda mais difícil, os diagnósticos em psiquiatria dependem fortemente do relato do indivíduo e não de sinais observáveis (como tremores na doença de *Parkinson*). Por conta disso, os diagnósticos dependem da

interpretação do relato do indivíduo que são, então, traduzidos em termos diagnósticos.

Como Freud já havia advertido há mais de um século, nós podemos eventualmente ser as pessoas menos capacitadas para falar de nossos próprios problemas. Dependendo da nossa capacidade de reflexão e autoavaliação, podemos facilmente tender a um exagero ou a uma minimização de sintomas. E é o nosso relato que o médico ou o psicólogo irá ouvir.

Além disso, sintomas, ou até mesmo grupos de sintomas – os quais chamamos de *clusters* –, frequentemente não são específicos de um determinado transtorno, podendo ocorrer em vários outros transtornos. Mas isso também ocorre em diversas outras áreas da medicina.

Se você acha que já foi suficiente, ainda tem mais. O modo como cada um daqueles dezoito sintomas são perguntados pode modificar o diagnóstico, uma vez que ele depende do número de sintomas que são considerados "positivos". Numa pesquisa que realizamos com centenas de jovens universitários, por exemplo; mesmo usando perguntas padronizadas (para evitar variações entre examinadores), observamos que quando pedíamos um exemplo daquele sintoma que o indivíduo dizia estar presente, com alguma frequência o exemplo não tinha correlação com o que havia sido perguntado.

> **Importante**: a pontuação em escalas – como as escalas SNAP-IV e ASRS, respectivamente para crianças e adultos, disponíveis na internet – significa apenas que existe uma **chance maior** de existir o diagnóstico de TDAH – elas são escalas de **rastreio, não de diagnóstico!** O resultado em escalas não permite o diagnóstico, porque existe a necessidade de um especialista avaliar se os sintomas não são mais bem explicados por outro transtorno parecido. ▪

Então as críticas sobre o diagnóstico de TDAH ser pouco "sólido" estão corretas?

O FATO DE UM DIAGNÓSTICO qualquer estar propenso a um resultado **falso-positivo** (quando ele é tido como presente, quando está ausente), a um **falso-negativo** (quando ele é tido como ausente, quando está presente), ou até mesmo ser confundido com outro diagnóstico não o torna um diagnóstico pouco sólido. Isso acontece com os diagnósticos de TDAH, de *Alzheimer*, de *transtorno bipolar*. Qualquer diagnóstico depende, basicamente, do **modo** como é realizado. E quando realizado de modo apropriado, as chances de erro diminuem muito.

Uma das pesquisas mais impactantes na psiquiatria ocorreu há muitas décadas, quando se comparou o diagnóstico de *esquizofrenia*, realizado por médicos americanos e ingleses. Havia muita discrepância: pacientes esquizofrênicos em um local eram diagnosticados como bipolares em outro. Isso ocorria porque de um lado e de outro do Atlântico usavam-se **sistemas diagnósticos com critérios diferentes**. Curiosidade: apesar desse grande estudo publicado, nunca ouvi ninguém falar que *esquizofrenia* não existe, que é uma doença inventada e que trata-se de um complô da indústria farmacêutica para vender medicamentos, tal como ocorre com o TDAH.

Existem vários outros exemplos na psiquiatria; na verdade, isso ocorre em muitas áreas da medicina, como podemos ver a seguir.

Raquel* tinha trazido seu filho, com suspeita de TDAH e possivelmente um *transtorno de aprendizagem*, para um centro especializado em diagnóstico. Ao final da entrevista, virou-se para o médico e disse:

> "Sabe que eu admiro muito vocês? Acho incrível o modo como vocês diagnosticam. Sou médica reumatologista e tenho, como meus colegas de especialidade, enorme dificuldade de fazer diagnósticos de doenças reumatológicas; a maioria dos pacientes não faz ideia disso. Por vezes, temos que acompanhar um paciente durante muito tempo para chegar a uma conclusão. E olha que nós podemos pedir um monte de exames de sangue, que apontam numa ou noutra direção, coisa que vocês não podem. Mas o paciente pode ter exames sugestivos de Artrite Reumatoide, por exemplo, e na verdade ter Lúpus Eritematoso Sistêmico; ele pode ter Lúpus e não ter nenhum dos exames de sangue positivos para esse diagnóstico. Tem pacientes que apresentam apenas um ou outro sintoma inicial, sem qualquer exame positivo e só apresentam um quadro clínico completo, depois de vários meses ou anos".

Em pesquisa, além de usarmos instrumentos padronizados de entrevista, como perguntas padronizadas, investigamos achados biológicos, como os genéticos, neuroanatômicos e neurofisiológicos. Eles serão discutidos mais adiante.

É importante salientar que indivíduos que foram diagnosticados com TDAH também apresentam em muito maior frequência uma série de problemas ao longo da vida, quando comparados a indivíduos sem TDAH, tanto psicológicos, como *depressão* e *ansiedade*, quanto clínicos, como obesidade. ■

---
* Nome fictício.

Existem tipos diferentes de TDAH?

15

ALÉM DO QUE FOI DITO em relação ao "arranjo" de sintomas, diz-se que existem três apresentações possíveis.

1) APRESENTAÇÃO PREDOMINANTEMENTE DESATENTA

Quando existem mais sintomas de desatenção e poucos sintomas de hiperatividade-impulsividade.

2) APRESENTAÇÃO PREDOMINANTEMENTE HIPERATIVA-IMPULSIVA

Quando existem mais sintomas de hiperatividade-impulsividade. Essa forma é mais diagnosticada em crianças menores, possivelmente porque elas ainda não fazem atividades que requeiram muita atenção e, por isso, a desatenção não é facilmente percebida.

3) APRESENTAÇÃO COMBINADA

Quando existem muitos sintomas de desatenção e de hiperatividade-impulsividade. Esse é o subtipo mais comum nos consultórios e ambulatórios de crianças e adolescentes, provavelmente porque causa mais problemas para o próprio portador e para os demais, o que leva os pais a procurarem ajuda para os filhos. Na população de crianças e adolescentes em geral – levando-se em consideração todos os portadores de TDAH, em tratamento ou não –, metade dos casos é predominantemente desatenta e metade é combinada. Na vida adulta, é essa proporção que observamos também. Se formos avaliar apenas crianças num ambiente de tratamento (consultório ou ambulatório), a apresentação combinada é claramente a mais comum, porque incomoda mais.

Para o diagnóstico da apresentação com predomínio de desatenção, é necessário apresentar pelo menos 6 dos 9 sintomas daquele módulo. No caso da apresentação predominantemente hiperativa, é necessário apresentar pelo menos 6 dos 9 sintomas daquele módulo. Na apresentação combinada, é preciso apresentar pelo menos 6 sintomas de cada um dos dois módulos.

Vamos ver o seguinte caso, um depoimento fornecido à Associação Brasileira do Déficit de Atenção (ABDA):

> Meu filho sempre foi agitado, não parava quieto nem para comer. Na sala de aula ele se levantava sempre e não parava. Na hora de fazer o dever de casa era a mesma coisa, se mexia o tempo todo, o material caía, a lição ficava por fazer porque ele não dava conta (como ainda não dá). Estava sempre no mundo da lua, desligado mesmo. Sempre achei que ele era diferente, mas como ele é muito inteligente, pensava que era por isso. Ele caminhava pelos lugares como se andasse a esmo, pensando no nada. Que angústia!
>
> Meu marido dizia que eu estava procurando problema onde não havia, que ele (o pai), quando criança, também era assim.

E que eu era muito mole na hora de fazer o dever, que deveria pôr o garoto sentado até que ele acabasse a atividade. E eu até fazia isso, mas só desgastava mais o meu relacionamento, tanto com o meu filho quanto com o meu marido.

Agora que meu filho está entrando na adolescência, por incrível que pareça, ele está mais calmo. Os colegas da escola já têm mais paciência com ele. Com relação ao rendimento escolar, continua um fracasso. Ele tira notas baixas. A escola está dando mais uma chance. Os cadernos são uma bagunça total.

Alguns exemplos de desatenção e hiperatividade: a gente chama para comer, ele demora a vir. A gente chama para ir embora de um lugar, ele enrola. A gente chama e ele parece que está em outro mundo. Na hora das provas, ele erra por desatenção. Ele ainda não para por muito tempo quieto.

Bom, com relação ao meu marido, acho que ele também tem o mesmo distúrbio, porque não consegue ficar em casa sem fazer nada. Todos os dias ele chega do trabalho e arranja algo para fazer. Dorme muito tarde e, como acorda muito cedo, está sempre sonolento. Interrompe o que os outros estão dizendo. Não completa o que está falando. É confuso no falar, ou seja, é do tipo que enrola (meu filho também dá uma volta imensa para falar). Não entende prontamente o que os outros estão falando, mesmo as coisas mais simples. Esquece facilmente as coisas do dia a dia. Quando a gente chama, está no mundo da lua. ∎

Existe TDAH somente com desatenção?

ESTE É UM PONTO AINDA POLÊMICO. Vários pesquisadores acreditam que quando não há **nenhum** sintoma de hiperatividade – mesmo havendo vários sintomas de desatenção –, esse quadro não seria o que entendemos ser o TDAH. Muitas pesquisas científicas têm como exigência que os participantes portadores de TDAH tenham pelo menos alguns sintomas de hiperatividade-impulsividade, porque acredita-se que um quadro apenas de desatenção não é **inequívoco** de TDAH. Teoricamente, não existe restrição **oficial** ao diagnóstico de TDAH sem nenhum sintoma de hiperatividade, porém esse diagnóstico deve ser visto com alguma reserva do ponto de vista clínico.

Alguns autores cunharam o termo *Slow Cognitive Tempo* (SCT) ou ainda *Slugish,* para se referir a esse quadro apenas com desatenção e que apresenta outras características, tais como um processamento muito mais lento de informações. Há autores que defendem a ideia de que o SCT é diferente do TDAH: haveria diferenças quanto aos problemas causados, quanto ao grau de resposta ao tratamento medicamentoso e até mesmo com relação à transmissão genética. ■

O TDAH pode persistir na vida adulta?

CLARO! ATÉ ALGUM TEMPO ATRÁS, era comum dizer que o TDAH **desaparecia** ao final da adolescência. Era até mesmo comum que os médicos tranquilizassem os pais dizendo **que tudo aquilo iria passar**, mais cedo ou mais tarde. Sabe-se, hoje, que o TDAH persiste em mais de 60% dos casos, adentrando a vida adulta e causando muitos problemas.

Alguns estudos mais recentes mostram, inclusive, que o TDAH pode persistir até idades mais avançadas, mesmo na velhice! ■

Mas por que muitos médicos tinham a impressão de que o TDAH não existia em adultos?

EXISTEM VÁRIAS RAZÕES PARA ISSO. A primeira delas recai no fato de o médico, logo no último ano antes da sua formatura, decidir qual especialidade escolher. Se escolher a área infantil, como é o caso da neurologia e da psiquiatria infantis, ele não irá mais a cursos ou congressos de neurologia nem de psiquiatria de adultos. Normalmente, esses eventos são separados ou, quando acontecem juntos, obviamente se escolherão as partes que interessam a cada especialidade. Assim, não havia o entendimento de um transtorno que começava na infância e progredia até a vida adulta; não havia a ideia de continuidade. O perfil dos sintomas vai se modificando, com a diminuição dos sintomas de hiperatividade e a manutenção ou aumento dos sintomas de desatenção, mas a essência do transtorno continua a mesma. Apenas em 1980 é que a Associação Americana de Psiquiatria, pela primeira vez, falou na possibilidade da persistência do transtorno.

Uma segunda razão é o fato de os sintomas diminuírem com o tempo, particularmente a hiperatividade, que durante muitas décadas era considerada a principal característica do TDAH. Como a criança hiperativa se tornava um adolescente **mais sossegado**, ficava-se com a impressão de que o transtorno tinha ido embora.

Todo mundo desenvolve a capacidade de prestar atenção e sua impulsividade, à medida que vai crescendo e tem que se dedicar a coisas mais complexas na escola. Com quem tem TDAH não é diferente: apesar de ter problemas sérios nessas áreas, consegue também desenvolver em algum grau essas habilidades. Só que nunca terá a atenção, o comportamento e o controle de impulsos dos demais. Mas que melhora, melhora. Porém, os portadores não melhoram a ponto de terem a mesma capacidade de prestar atenção, de se manter tranquilos e de controlar seus impulsos como as outras pessoas.

Uma última razão seria que os casos de TDAH considerados "complicados", isto é, aqueles associados ao uso de drogas e a outros problemas comportamentais mais sérios, acabam sendo tratados com foco nessas questões mais graves e urgentes, e não no TDAH; sendo assim, os sintomas básicos do transtorno passam despercebidos. ■

Como é feito o diagnóstico de TDAH em adultos?

19

CAPÍTULO 2

OS SINTOMAS SÃO OS MESMOS que os descritos para crianças e adolescentes, adaptados para a vida adulta. Para adultos, são necessários menos sintomas do módulo de desatenção e/ou do módulo de hiperatividade-impulsividade – é necessária a presença de apenas 5 sintomas, e não 6.

Para se fazer um diagnóstico, é necessário que aqueles comportamentos estejam interferindo de modo desfavorável na vida do indivíduo e que ele tenha comprometimento nas suas atividades diárias por conta disso. No caso do TDAH, é necessário que os adultos tenham apresentado sintomas de TDAH quando crianças (até os 12 anos). Isso é importante: **ninguém passa a ter TDAH subitamente na vida adulta**. Numa entrevista bem conduzida, é possível perceber a presença de sintomas prévios desde a infância, mesmo naqueles casos em que não houve diagnóstico. Alguns estudos mais recentes, inclusive realizados no Brasil, sugeriram que muitos casos de TDAH em adultos não tinham sintomas proeminentes durante a infância ou adolescência, mas isso não quer dizer que eles estivessem ausentes. Um sintoma de TDAH que anteriormente não impactava muito a vida do indivíduo – e que, portanto, passava despercebido porque só percebemos sintomas quando eles nos atrapalham – pode levar a maiores dificuldades na vida adulta, em especial quando aumentam as demandas profissionais e diminuem os nossos apoios externos, dos pais e dos professores. ■

Para se fazer um diagnóstico, é necessário que aqueles comportamentos estejam interferindo de modo desfavorável na vida do indivíduo e que ele tenha comprometimento nas suas atividades diárias por conta disso.

Outros transtornos podem ter sintomas parecidos com o TDAH?

CAPÍTULO 2

SIM, FREQUENTEMENTE!

Por isso, é importante uma avaliação cuidadosa, feita por especialistas. A *depressão* afeta a concentração e a memória. A *ansiedade* também leva o indivíduo a ser inquieto, a não parar muito tempo sossegado e a ter dificuldades para se concentrar nas tarefas. O *transtorno bipolar* e o *transtorno borderline de personalidade* também apresentam muitos sintomas que podem ser **confundidos** com sintomas do TDAH.

É importante lembrar que tanto a *depressão* quanto a *ansiedade* e o *transtorno bipolar* podem eventualmente estar presentes no TDAH, o que chamamos de comorbidade. Isso torna ainda mais difícil o diagnóstico correto.

Os autistas são frequentemente desatentos e podem ser muito inquietos. Outros transtornos que cursam com a desatenção são: a *esquizofrenia*, as sequelas de traumatismo cranioencefálico e o uso de drogas.

Mas muitos adultos quando querem fazer algo que lhes interessa não apresentam esses sintomas.

É o mesmo problema que ocorre com as crianças e os adolescentes. Alguns pais não acreditam que eles sejam portadores de

TDAH, pois quando querem jogar videogames conseguem ficar bem mais concentrados e quietos.

A explicação é a mesma: a região cerebral denominada **centro do prazer**, quando muito ativada, consegue mandar estímulos fortes para o centro que controla a atenção e atenuar o seu mau desempenho.

O psicólogo Thomas Brown conta sobre uma expressão que lhe foi dita por um de seus pacientes, que explica muito bem como funcionam as coisas para um adulto com TDAH: "impotência da mente", fazendo uma analogia com a impotência sexual. O paciente explicou que as coisas com ele funcionavam do mesmo modo como funciona a ereção no homem: se ele estiver muito atraído, interessado pela mulher, excitado, consegue "funcionar", consegue ter a ereção. Caso contrário, nada ocorre, mesmo que se esforce mentalmente para isso. Não adianta. O mesmo acontecia com todas as demais coisas da vida: se fossem muito interessantes e excitantes, ele conseguiria se dedicar a elas e permanecer até o fim. Caso contrário, tornava-se desatento, perdia logo a energia e o interesse ou nem começava a fazer nada. ■

Como os sintomas de TDAH podem interferir na vida de um adulto?

QUANDO SE É CRIANÇA OU ADOLESCENTE, boa parte do dia é dedicada à escola ou ao estudo em casa. Os sintomas, nesse caso, causam problemas porque interferem nos estudos e no comportamento em sala de aula. Na vida adulta, os sintomas vão "atrapalhar" coisas muito diferentes. Uma delas, por exemplo, é o relacionamento com as outras pessoas. Outro bom exemplo são as dificuldades encontradas no trabalho.

As dificuldades no relacionamento se devem à conhecida tríade do TDAH: desatenção, impulsividade e inquietude. Mas existem outras razões, conforme veremos adiante.

IMPULSIVIDADE

Para o TDAH, não existe o sinal amarelo, apenas o verde e o vermelho – neste último caso, quando a situação já está além do limite. Ou seja, o indivíduo pode ter uma ideia, ou várias delas, e partir para ação sem gastar muito tempo ponderando os prós e os contras.

Carlos* é um cirurgião jovem e competente. Segundo um arquiteto que habitualmente faz as reformas e obras em sua casa, o tempo decorrido entre uma ideia e o início da sua execução é praticamente inexistente. Uma vez, ele ligou para o arquiteto perguntando se não seria uma boa ideia derrubar uma certa parede da sala para aumentar o ambiente. O arquiteto, que havia feito uma reforma havia menos de seis meses, já estava acostumado às incessantes modificações, só não entendia por que ele vivia modificando as coisas, porque "enjoava" tão facilmente. Dificilmente o cirurgião passaria mais de um ano sem mexer em alguma coisa. Combinou, então, que iria logo após o almoço para discutir sobre a viabilidade e o resultado da obra.

Ao lá chegar, no horário combinado, encontrou o cirurgião já com uma equipe de operários preparando a derrubada da parede. O arquiteto obviamente ficou muito chateado com a desconsideração. Afinal, ele nem tinha ainda discutido com ele as possibilidades e apresentado qualquer plano de obras. Não era a primeira vez que isso acontecia.

A impulsividade em um casamento pode ser algo bastante estressante. Em geral, um dos dois **resolve** algo e coloca em prática, sem consultar o outro. Isso pode ser simplesmente deixado de lado quando acontece uma ou outra vez, mas quando é muito frequente ou quando envolve coisas importantes, torna-se intolerável.

Paulo* era casado havia pouco tempo e decidiu fazer uma nova viagem com a esposa ao exterior. Teve a ideia assim, de repente, durante um jantar – é comum que portadores

---

* Nome fictício.

do TDAH tenham muitas outras ideias a partir de uma ideia inicial ou mesmo um estímulo externo. Começou a falar na viagem de modo entusiasmado, excitado com os detalhes. Num instante a esposa já estava absorvida e deleitada com a viagem, combinada para o mês seguinte. Ela pediu licença no trabalho, fora do período em que isso era possível, tendo para isso insistido muito com seu chefe. Paulo reservou as passagens e o hotel no dia seguinte ao jantar, tendo pagado tudo cerca de duas semanas depois. Com o passar dos dias, a animação de Paulo foi diminuindo, em boa parte porque foi se dando conta dos primeiros compromissos importantes que teria que adiar – já sabia destes antes, mas não tinha parado para pensar neles. Quando um amigo comentou que aquela não seria uma boa época para ir ao hemisfério norte, não titubeou: ligou para a agência cancelando tudo e pedindo reembolso. A mulher, que já tinha feito inúmeros planos, ficou furiosa quando comunicada, assim de súbito, da decisão do marido.

Erasmo* era representante e resolveu, a caminho de casa, parar em uma concessionária de veículos que fazia grande estardalhaço por conta de um período promocional. Entusiasmado, procurou um modelo com que sonhava havia muito, porém nunca tinha tido planos mais concretos de comprar. Em menos de meia hora, animadíssimo com as possibilidades oferecidas pelo vendedor, fechou negócio assinando um financiamento que pagaria ao longo dos dois anos seguintes. Ao chegar em casa e comunicar o fato à mulher, esta ficou furiosa. Além de sequer ter sido consultada, isso

---
* Nome fictício.

> iria comprometer o orçamento da família e estragar planos que ele próprio havia feito com ela. Ele disse que não só se esquecera de tais planos – o que era verdade, realmente –, como também ficara muitíssimo irritado com a reação da esposa, que ele achava uma **estraga-prazeres.** Passadas algumas horas, Erasmo foi capaz de reconhecer que comprara por impulso.

DESATENÇÃO E FALTA DE MEMÓRIA

Imagine como é viver se esquecendo das coisas do dia a dia? A incapacidade de se lembrar de pequenos pedidos, de cumprir coisas prometidas, de lembrar de datas importantes (aniversários, por exemplo) vai criando nas demais pessoas uma sensação de que o indivíduo **não liga a mínima, é ocupado demais para mim, deve ter coisas mais importantes para resolver** ou, ainda, "se tivesse interesse, se lembraria!".

O déficit de atenção pode se manifestar em adultos principalmente como um comprometimento da memória. Uma análise cuidadosa e um exame neuropsicológico – exame detalhado e aprofundado de todas as funções mentais com testes – mostram o déficit na atenção, o portal da memória, e na memória para fixar coisas novas.

O esquecimento de nomes e fatos, por vezes significativos, pode ser constrangedor. A pessoa que não tem seu nome lembrado ou que viveu um fato que foi **apagado** da memória sente-se em geral bastante desconsiderada ou com pouca importância. Com frequência, indivíduos com TDAH chegam até mesmo a esquecer coisas absurdas.

Mary* era psicóloga, casada, tinha sido abordada num shopping por um senhor que lhe era desconhecido. Imaginando tratar-se de uma **cantada**, foi um pouco áspera e lacônica, tentando desvencilhar-se de modo um tanto quanto rude. O senhor, chocado, perguntou se não o estava reconhecendo. Tinha jantado na casa dela, levado por uma amiga em comum.

Pedro* era médico e estava jantando com seu pai em um restaurante naquela noite. Uma senhora veio até a mesa e o cumprimentou de modo íntimo, perguntando como estava. Trocaram poucas palavras e quando ela foi embora o pai lhe chamou a atenção porque não os havia apresentado, como seria de se esperar, o que havia criado uma situação constrangedora e indelicada. Pedro disse-lhe que não só não sabia o nome dela, como não tinha a menor ideia de quem se tratava, por isso não tinha como apresentá-la. Ao saírem do restaurante, Pedro foi novamente abordado por uma outra senhora que acompanhava um grupo que entrava. Ela o cumprimentou efusivamente com dois beijos no rosto, disse-lhe algo e entrou com o grupo. O pai novamente lhe chamou a atenção e perguntou quem era. Pedro também não tinha a menor ideia de quem se tratava, para surpresa de seu pai, que comentou: "eu sei que você conhece muita gente, mas isto está um pouco exagerado demais".

---

* Nome fictício.

Kátia* era bióloga e conta que, embora tivesse dado aula durante muitos anos em faculdades de Biologia e Medicina, não era capaz de lembrar de muitas das coisas que ensinara repetidamente, ano após ano – por exemplo, características de um determinado componente da célula, a mitocôndria –, desde que se aposentou há cinco anos. Ela diz que enquanto está estudando e ensinando, o material permanece na memória, mas logo ele se "apaga" quando não é mais abordado, mesmo que seja algo que ela ensinou por longo período.

Jonas* era médico e dizia que "sua capacidade de estudar se esgotara completamente". Era um homem inteligente, que passou pela escola e depois pela faculdade com boas notas. Mas confidenciava que nunca tinha estudado para valer. Segundo conta, tinha vergonha de dizer isso porque o achariam pedante. Só conseguia estudar mais de uma hora quando combinava com um grupo para se prepararem para uma prova. Sozinho, não ficava mais de 20 minutos sem ter que levantar e fazer outra coisa. Estudava "em pedaços", como ele dizia. Agora, Jonas está na pós-graduação e tem que estudar textos complexos e longos, em períodos curtos (uma ou duas semanas) para discutir em sala de aula. Ele conta que "lê, mas não fixa", parece que "não entra nada". Frequentemente tem que voltar às páginas anteriores e ler de novo. Se o texto é longo e tem muitas informações diferentes, não consegue memorizar, apenas uma ou outra coisa. Diz que "tenta enrolar", como sempre fez, só que "agora não dá mais, acho que os outros vão perceber que eu não sei nada".

---

* Nome fictício.

A desatenção faz com que o portador do TDAH tenha de ler mais de uma vez a mesma coisa, voltar páginas atrás para reler o que acabou de ler. Conheci muitos pacientes com TDAH que me afirmaram que nunca – simplesmente nunca – terminaram um livro. A desatenção impede que continuem por um tempo maior acompanhando o texto. Algumas pessoas tentam driblar esse problema, lendo partes pequenas ou intercalando a leitura com outras coisas.

Frederico* contava que somente conseguia escrever seus artigos no computador se tivesse ao lado deste uma tela de pintura. Não conseguia permanecer muito tempo concentrado no seu texto e tinha o hábito de interromper frequentemente para pintar um pouco, retornando em seguida ao seu trabalho. Isso garantia que permanecesse trabalhando por mais tempo. Se não o fizesse, em pouquíssimo tempo se levantaria, faria outras coisas e se dispersaria. Ele conta que, quando mais jovem, só conseguia estudar ouvindo música ou com a TV ligada, provavelmente pelo mesmo motivo.

Beatriz* era acadêmica de Medicina e habitualmente chegava atrasada no seu estágio na faculdade. Percebendo a cara de poucos amigos do seu supervisor, adiantou-se explicando: "Antes da bronca, vou lhe explicar como é a minha vida. Eu saio de casa cedo para pegar o primeiro ônibus para o Rio e, neste horário, o

---
* Nome fictício.

bilhete é pago dentro do próprio ônibus e não no guichê. Quando fui pagar, descobri que tinha esquecido a carteira. Tive que saltar num posto de gasolina no meio da estrada, constrangida, e pegar uma carona de volta para minha casa. Quando cheguei, descobri que tinha deixado as chaves do lado de dentro. Quando fui pegar o celular para ligar para o meu marido, descobri que tinha esquecido de carregar. Esse é o meu dia a dia".

Em muitas vezes, a desatenção é tão grande que parece mentira. A expressão **no mundo da lua** parece até pouco para descrever algumas situações que ocorrem na vida dos portadores do TDAH.

Jair* era um jovem adulto que morava com os pais. Em certa ocasião, chegou em casa e se deparou com uma mesa com alguns salgados e doces, em volta da qual estavam não apenas os pais, como também alguns parentes próximos. Jair sentouse, satisfeito com todas as guloseimas, e comeu rapidamente e disse logo em seguida que iria para o quarto dormir, pois havia trabalhado muito e estava cansado. No dia seguinte, ao acordar, recebeu um grande sermão do pai: sua mãe estava extremamente magoada, com vergonha do restante da família. Ela tinha passado a noite toda chorando porque o próprio filho não tinha se lembrado do aniversário dela, mesmo quando deu de cara com a festa!

INQUIETUDE

Certamente a inquietude atrapalha, mas isso pode não ser tão evidente em todos os casos. Lembre-se de que há portadores do TDAH sem tanta inquietude, com uma apresentação

---

* Nome fictício.

predominantemente desatenta. Indivíduos inquietos terão dificuldade em permanecer em uma mesma atividade, principalmente se forem monótonas ou pouco excitantes.

Muitas das nossas atividades diárias são assim. Elas incluem rotinas de trabalho, algumas obrigações sociais – eventos aos quais "temos" que comparecer, mesmo a contragosto – e outras situações, tais como filas. O indivíduo inquieto se aborrecerá mais rapidamente que os demais e se comportará como se estivesse contrariado, desejoso de ir logo embora dali. Seu comportamento – mexendo-se muito, andando de um lado a outro, cruzando e descruzando as pernas – tornará seu desconforto evidente para todos.

Luiz* era professor universitário e frequentemente era convocado a participar de reuniões com os demais professores. Essas ocasiões eram habitualmente bastante desagradáveis para ele. Chegava pontualmente e ficava muito irritado com eventuais atrasos dos demais, o que procurava disfarçar, preocupado em **começar logo**. Quaisquer discussões mais demoradas ou que levassem a muitas divagações deixavam-no na mais alta irritação. Procurava **encurtar** ou **resumir** o que os demais falavam, ou incitava-os a fazê-lo, para que **se passasse logo** para o próximo ponto da pauta da reunião. Com o passar dos anos, Luiz levantava-se e saía da sala, alegando as coisas mais diversas, mesmo sabendo que isso não era apropriado.

Tudo que é **muito tranquilo** vira rapidamente **tranquilo demais** para um portador do TDAH.

---
* Nome fictício.

Cristina* era psicopedagoga e muito bem considerada profissionalmente. Era descrita como **ativa** e se ocupava de inúmeras tarefas na escola em que trabalhava. Sempre estava envolvida com alguma coisa, todo o tempo. Levava inúmeras coisas de trabalho para casa. Em certa ocasião, seu marido resolveu passar um feriado prolongado numa praia do Nordeste, num confortável hotel afastado de tudo. Já no segundo dia, Cristina pedia para voltar para casa, senão ia **ficar louca** porque não havia nada para fazer! O marido, que estava adorando toda a calma e tranquilidade que o local proporcionava, não entendeu. Ela lhe disse que sua mente sempre tinha que se ocupar de algo, fosse o que fosse, e ali não havia simplesmente nada para fazer. Se deitasse na areia, pouco depois se levantava e ia ao mar, voltando em seguida, procurando algo para jogar, corria, voltava ao hotel, enfim, procurava se ocupar de qualquer coisa. O marido percebeu com maior clareza que toda aquela atividade que a esposa sempre tinha não era por conta da quantidade de trabalho que lhe impunham – ela mesma é que procurava um monte de coisas para fazer, o tempo todo.

Gil* era considerado um excelente profissional durante a época áurea da internet, na qual as empresas recebiam grandes somas de dinheiro dos investidores. Ocupava-se de inúmeros projetos simultâneos, tinha ideias incríveis sobre diferentes coisas e sua excitação no trabalho contagiava a todos. Com a necessidade de enxugamento das empresas, diminuição dos investimentos e projetos, Gil passou a ter tarefas específicas que envolviam fazer relatórios minuciosos sobre gastos, planejar de modo menos eufórico as áreas de atuação e fazer coisas burocráticas. Seu desempenho caiu enormemente e passou a ser avaliado de modo muito pior que antes pelos diretores da empresa. ∎

---

* Nome fictício.

Por que existem dificuldades de relacionamento no TDAH?

HÁ ESTUDOS, tanto com crianças como **também com idosos** portadores de TDAH, mostrando que eles tendem a ter menos relacionamentos do que indivíduos sem o transtorno. Não se sabe ao certo o porquê disso, mas podemos pensar em algumas hipóteses.

Uma característica de quem é portador do TDAH é a impaciência. Os adultos com TDAH não toleram nada que **demore muito** – pode ser só na avaliação deles –, como uma fila ou um engarrafamento. Eles querem **acabar logo** com as coisas, principalmente aquelas que são mais demoradas ou monótonas.

Franco* era aluno de Medicina e contou que não conseguia ficar quieto quando tinha aula prática no ambulatório do hospital. Além de ter que ficar em pé num grupo com os demais alunos, tinha a impressão de que o professor que estava entrevistando e examinando o paciente era muito lento, detalhista, **sem ir direto ao assunto**. Ele tinha vontade de sair dali ou, então,

---
* Nome fictício.

passar logo ao próximo caso. Todos percebiam isso mais cedo ou mais tarde, e creditavam esse comportamento a um desinteresse global pela medicina, o que comprometia a imagem de Franco perante os demais. **Comentário:** é comum portadores de TDAH dizerem que **vivem com pressa,** mesmo quando não existe nenhum motivo para se ter pressa. **Mas atenção:** esse sintoma também está presente em casos de *ansiedade* sem TDAH.

Jerônimo* conta que uma das maiores queixas de sua mulher é sua impaciência para escutar aquilo que ela tem para lhe contar. Ela percebe que ele **quer chegar logo ao final** e pede para ela **não ficar enrolando e perdendo tempo com detalhes que não têm importância**.

A impaciência se manifesta no dia a dia, seja numa conversa, numa fila ou num engarrafamento. Pessoas que são minuciosas e que fazem as coisas com muita atenção e pausadamente geram mal-estar em quem tem TDAH.

Um médico com TDAH resolveu explicar para sua mãe com detalhes o que era o transtorno e disse que ela também era portadora, assim como ele. Após ter compreendido corretamente o que era o TDAH, ele ouviu dela a seguinte **pérola**, que merece ser registrada: "Quer dizer, meu filho, que a lerdeza das pessoas em geral é normal?".

Além da impulsividade, o adulto com TDAH frequentemente sofre de oscilações de humor – a tal dificuldade com a regulação emocional mencionada anteriormente. Os motivos podem ser pequenas contrariedades ou mesmo coisas sem importância, do

---

* Nome fictício.

cotidiano. Quando existe alguma forma de *depressão* associada ao TDAH, essas oscilações podem ser ainda mais frequentes.

Um outro problema de quem é portador do TDAH é **enjoar** rapidamente das coisas e precisar de coisas novas para se estimular. Isso corresponde a uma mistura de incapacidade de manter-se com energia e disposição suficientes o tempo todo com a inquietude própria do transtorno.

Essa é uma das razões pelas quais o casamento pode se tornar algo conturbado. Existem casos em que o portador começa a privilegiar várias outras atividades, tais como esportes ou mesmo o trabalho, com as quais se ocupa mais e mais, permanecendo menos tempo envolvido com as atividades da família. É claro que isso também pode ocorrer em outras situações, sem qualquer relação com o TDAH, como, por exemplo, a perda progressiva de interesse de um pelo outro, sinalizando o término de um relacionamento.

Carlos* conta que está no seu terceiro casamento. Diz que não sabe por que resolveu se casar mais uma vez, pois já descobriu que não consegue conviver muito tempo com uma pessoa sob o mesmo teto. Ele diz que se **enjoa** rapidamente das esposas, que tudo se torna insuportável com o passar de pouco tempo. Logo que a paixão e a atração sexual iniciais diminuem, ele parece se aborrecer com a esposa e tudo passa a ser monótono para ele. Carlos também tem vários outros sintomas do TDAH. **O pior de tudo**, diz ele, "é que essas mulheres eram simplesmente maravilhosas, até mesmo excepcionais, e hoje eu me pergunto como é que pude fazer a besteira de terminar o relacionamento com elas". ∎

* Nome fictício.

Por que os adultos com TDAH sempre trocam o que estão fazendo?

MANTER-SE EM UMA MESMA COISA é particularmente desagradável para eles. É necessário sempre estar mudando de atividade, de local etc. Pode ser mudando os móveis de lugar ou reformando frequentemente a casa, mudando seus horários, trocando de academia ou de esporte, trocando de áreas de interesse profissional, entre outras possibilidades. Os exemplos são inúmeros.

Pessoas com TDAH também podem apresentar o que se chama de *novelty seeking*, ou **procura por novidades**, algo que existe também em algumas pessoas sem o transtorno, porém provavelmente em menor frequência. Essas novidades são necessariamente coisas excitantes, diferentes, que podem incluir esportes radicais, drogas e sexo.

Francisco* veio procurar ajuda, já sabendo ser portador do TDAH. Desde adolescente, ele está sempre à procura de novas emoções, o que inclui o sexo. Francisco conta o que acontece

---

* Nome fictício.

consigo: em poucos anos, dedicou-se a voar de asa-delta, mas **se cansou** depois de alguns meses, apesar de ter gasto muito dinheiro em equipamentos; caça submarina, da qual também **se cansou** depois de alguns meses, também gastando tempo e dinheiro; alpinismo (idem); *motocross* (idem), e agora está **à procura de alguma coisa excitante**. Francisco não apresentava nenhum outro transtorno além do TDAH. ■

Existe maior incidência de uso de drogas no TDAH?

24

VÁRIOS ESTUDOS MOSTRAM que existe uma chance maior para o desenvolvimento de abuso e dependência de tabaco, álcool e drogas quando se tem TDAH. Outros estudos mostram que não é exatamente o TDAH que se associa ao uso de drogas, mas sim o *transtorno de conduta*, conhecido pela sigla TC, manifestado na adolescência, que pode se associar, ou não, posteriormente ao TDAH.

Em primeiro lugar, a existência de problemas ao longo da vida, secundários à presença do TDAH, poderiam contribuir **indiretamente** para a procura e o posterior abuso de drogas. Além disso, esses mesmos problemas poderiam fazer que o portador passasse a procurar grupos sociais com quem se identificasse mais; quem tem problemas de comportamento ou de desempenho escolar não tende a se tornar amigo dos melhores e mais bem-comportados na turma. Outra possibilidade seria uma predisposição genética comum ao TDAH e ao uso de drogas. ■

Eu tenho TDAH!

CALMA! AQUILO QUE CHAMAMOS DE TDAH é um conjunto de sintomas variados de desatenção e de inquietude/impulsividade em níveis acima do esperado em relação ao que se observa na população em geral. Qualquer indivíduo apresenta alguns daqueles sintomas – é bastante raro não ter nenhum –, alguns mais e outros menos. Porém, apenas 1 em cada 20 crianças e 1 em cada 40 adultos apresentam um número excessivo dos mesmos. Ou seja, o TDAH é mais raro que hipertensão arterial (pressão alta), aumento de colesterol e diabetes.

Muitas pessoas, ao lerem a lista dos sintomas, se identificam imediatamente e acreditam serem portadoras do TDAH. E, a partir daí, passam a **justificar** muitas coisas em suas vidas: o nome que se dá a isso é viés ilusório (*illusionary bias*, em inglês). Esse é um processo comum, uma tendência de nosso cérebro tentar encontrar explicações para todas as coisas.

> O **autodiagnóstico** frequente acontece justamente porque quase todo mundo tem alguns daqueles sintomas. Entretanto, isso não é o suficiente para o diagnóstico.

Quando se faz uma avaliação com um especialista, ele irá investigar vários aspectos:

1. O número total e a gravidade (intensidade) de sintomas.

2. Se os sintomas se associam a problemas realmente significativos.

3. Se os exemplos fornecidos pelo paciente de fato correspondem aos sintomas do diagnóstico oficial (é comum haver uma compreensão diferente por parte de leigos).

4. Se os sintomas podem ser mais bem entendidos pela presença de um quadro de *ansiedade*, *depressão* ou perfil de personalidade (que frequentemente cursam com desatenção, inquietude e impulsividade, mesmo em quem não tem TDAH).

5. Se os sintomas ocorrem em diferentes contextos (isto é, não ocorrem somente em determinadas situações).

6. E, por fim, se os sintomas estavam presentes desde idade precoce.

Por isso, é muito comum que pessoas que se identificaram com a **lista** de sintomas procurem especialistas e saiam **desapontadas** quando não é feito o diagnóstico de TDAH.

A avaliação de cada sintoma exige um treinamento bastante extenso por parte do especialista, mas permite que se faça o diagnóstico correto.

A Associação Americana de Psiquiatria, responsável pelo DSM-5, diz claramente em seu site: "o uso deste manual (DSM-5) exige treinamento especializado e não pode ser usado como se fosse um livro de culinária (de receitas)". Isso é importante, porque não é raro ver indivíduos que foram diagnosticados de modo apressado ou incorreto, por profissionais que não tiveram o treinamento necessário para tal. ■

Mas todo mundo acha que eu sou desatento!

SENDO UM ASPECTO que varia em toda a população – só recebem o diagnóstico de TDAH um número pequeno de pessoas –, é possível ser mais desatento do que várias pessoas de seu círculo de amigos ou parentes e, mesmo assim, não ter TDAH. É semelhante ao caso do diabetes: todo mundo tem açúcar no sangue, uns mais e outros menos, porém apenas um pequeno grupo tem diabetes.

Observe que é possível ter níveis de açúcar superiores a todos os seus conhecidos e, ainda assim, estar abaixo do limite considerado necessário para o diagnóstico. Você pode ser um sujeito mais desatento do que a média e, ainda assim, não ter TDAH. ∎

Existem exames para o diagnóstico do TDAH?

NÃO. ATÉ O MOMENTO, o diagnóstico é feito exclusivamente por meio de uma entrevista clínica com um especialista, utilizando-se critérios bem definidos. ∎

Não é estranho não haver exames para obter um diagnóstico?

NÃO. INÚMERAS DOENÇAS são diagnosticadas sem qualquer exame complementar: *autismo, esquizofrenia, transtorno do pânico, transtorno obsessivo-compulsivo* (TOC)*, depressão, transtorno bipolar*, entre outras. ∎

Como os pais podem suspeitar que a filha ou filho tem TDAH?

OS SINTOMAS DEVEM SER OBSERVADOS, em graus variáveis, tanto em casa quanto na escola. Para saber do ambiente escolar, obviamente, é preciso conversar com os professores! Uma boa ideia é utilizar questionários padronizados, nos quais as perguntas são predefinidas, de modo a minimizar **opiniões pessoais** ou julgamentos acerca de comportamentos que não estão relacionados ao TDAH. O questionário mais utilizado é o SNAP-IV, que traduzimos e adaptamos para o português – para adultos, existem o ASRS e o DIVA, entre outros.

As escolas em geral chamam os pais quando identificam algum comportamento que seja diferente do esperado em determinada idade.

Mais recentemente, há notícias de escolas que **dizem não acreditar na existência do TDAH** e que, inclusive, se recusam a preencher questionários sobre os alunos, mesmo quando solicitados pelos pais. Não aceitar um diagnóstico reconhecido pela Organização Mundial de Saúde (OMS), portanto aceito oficialmente no Brasil, já é por si só algo bem grave e, na melhor das hipóteses, constrangedor para a instituição de ensino.

Recusar-se a preencher um questionário solicitado pelos pais então, nem se fala!

Lembre-se de que os sintomas do TDAH precisam estar presentes tanto na escola quanto em casa, ou então em outra situação que não seja a escola. ▪

As escolas em geral chamam os pais quando identificam algum comportamento que seja diferente do esperado em determinada idade.

A partir de que idade os pais podem perceber os sintomas do TDAH?

OS SINTOMAS DO TDAH podem manifestar-se desde uma idade muito precoce. Entretanto, como existe muita variabilidade no comportamento de crianças, muitos clínicos aguardam antes de dar um diagnóstico definitivo. É preciso, entretanto, que os sintomas estejam presentes antes dos 12 anos de idade.

Frequentemente, nos relatos dos pais, há referência à inquietude desde muito cedo. Na fase pré-escolar, essas crianças são comumente consideradas pelos professores como tendo uma **energia** muito maior do que a de outras crianças da mesma idade. Na sala de aula, frequentemente parecem **movidas por um motor**, não esperam sua vez nas brincadeiras e interrompem os outros quase o tempo todo. Vivem **a mil por hora** e podem receber apelidos como **bicho-carpinteiro**.

Quando perguntei a um paciente meu adulto, enquanto conversávamos sobre o seu diagnóstico de TDAH, se ele sabia se era hiperativo na infância, ele me respondeu com a seguinte frase: "Meu apelido, quando pequeno, era **The Flash** (aquele super-herói ultra rápido). Preciso dizer mais alguma coisa?".

Em atividades mais livres, como festas de aniversário, brincadeiras no *playground* e em parques ou praças, crianças com

TDAH falam muito, mexem-se sem parar, exploram o ambiente de maneira incomum para sua idade, subindo em mesas, lixeiras, grades etc.; além de serem muito impulsivas. Em geral, não avaliam as consequências de nada e frequentemente se machucam. Porém, pode ser difícil avaliar esses sintomas em situações em que todos estão brincando e fazendo uma certa bagunça. É muito mais fácil perceber quem tem TDAH nas situações que exigem atenção e quietude, como em sala de aula.

Em casa, vivem correndo e são **estabanadas**. À medida que seguem os anos, a agitação motora pode diminuir, porém a maioria dessas crianças se mostra **inquieta**, mexendo pés e mãos incessantemente.

As crianças com TDAH parecem sonhar acordadas – os professores podem perceber isso antes dos pais –, e muitas vezes são mais lentas na cópia do quadro negro e na execução dos deveres, porque "voam" o tempo todo. Elas cometem muitos erros por desatenção: **erram por bobagens** nas contas de matemática (sinais, vírgulas), erram acentuação ou pontuação, entre outras coisas. E vivem apagando ou rasurando o que escrevem.

Os portadores de TDAH, em geral, não prestam atenção aos detalhes, o que pode atrapalhar bastante seu desempenho nas provas. Um exemplo comum é não ler o enunciado das perguntas de modo adequado, sem perceber o que realmente o professor está pedindo, respondendo outra coisa diferente. Se a prova for de múltipla escolha e as opções forem muito parecidas, diferindo apenas num ou noutro detalhe, a desatenção irá prejudicar ainda mais. A impulsividade também pode atrapalhar nas provas, quando o aluno **não lê até o final** e já parte para responder à pergunta. Nos adultos, também existe impulsividade.

Resolvi comprar material de escritório num desses sites da internet e fui motivo de chacota por todos no escritório. Ia escolhendo os itens e clicando a compra, para depois conferir tudo ao final e pagar com o cartão de crédito. É claro que a conferência final foi meio por alto, como quase tudo que faço. No dia da entrega, a situação era a seguinte: os grampos eram do tamanho errado, os envelopes idem. Os cartuchos não eram os especificados para as impressoras. Acho que só li a marca da impressora e a cor, e não o modelo. Nem o papel era para a impressora que tínhamos, nem a quantidade era a correta. Comprei mais do que devia. E comprei coisas que não tinham de ser compradas.

Quem tem TDAH geralmente se esquece de coisas do dia a dia: agenda, estojo, recados dos professores e datas de provas, entre outras coisas. Uma queixa comum – e que parece enlouquecer as mães – é o fato de a criança ou o adolescente demonstrar saber a matéria na véspera da prova, quando estudou com a mãe, e no dia seguinte esquecer ou errar exatamente aquilo. Existem casos em que a distração e o esquecimento associado ao TDAH são inacreditáveis.

Todo mundo no hospital brinca que a Dra. Isabela[*] **é uma peça**, e as histórias se acumularam ao longo dos anos. A mais **divertida** delas é ter chegado ao estacionamento do hospital, de manhã cedo para trabalhar e, ao desligar o carro,

---

[*] Nome fictício.

> surpreender-se com os dois filhos no banco de trás, dizendo: "o que vocês estão fazendo aí?". Ela havia se esquecido de deixá-los no colégio naquele dia e, como era cedo, estavam quietos e com sono.

Quando a apresentação é do tipo predominantemente desatenta, é comum que o diagnóstico seja feito mais tarde, porque a hiperatividade não é tão importante e, assim, o aluno não **perturba** tanto na sala de aula, ele apenas tem um menor rendimento que o dos demais colegas. Além disso, apenas quando o conteúdo se torna maior e mais complexo é que a desatenção se torna mais evidente. ∎

Existe diferença do TDAH em meninos e meninas?

31

ACREDITAVA-SE QUE O TDAH fosse mais comum em meninos do que em meninas. Isso parece ser verdade no ambiente clínico, de tratamento, em ambulatórios ou consultórios possivelmente porque problemas de comportamento estão mais associados ao TDAH no sexo masculino. Quando são feitas pesquisas na população em geral – numa escola, por exemplo –, parece existir o mesmo número de meninas e meninos. Na fase adulta, tanto na população geral quanto no ambiente clínico de tratamento, há tantos pacientes homens quanto mulheres.

Anteriormente, acreditava-se que meninos com TDAH apresentam mais comorbidade com *transtorno de oposição e desafio*, conhecido pela sigla TOD, e com e *transtorno de conduta* (TC), ao passo que meninas teriam mais comorbidade com *depressão* e *ansiedade*. Estudos mais recentes e com metodologia melhor mostraram que os perfis de comorbidade são semelhantes em ambos os gêneros. Entretanto, como meninas habitualmente diferem no padrão de relacionamento interpessoal, com maior nível de vinculação e intimidade, além de uma sensibilidade maior para problemas nos relacionamentos, o TDAH, e os problemas que os sintomas causam na vida social, terá um impacto diferente no gênero feminino. ■

Em que época da vida da criança se faz o diagnóstico do TDAH?

32

EMBORA OS SINTOMAS possam estar presentes desde muito cedo, quando estas crianças entram na escola, eles costumam se tornar mais evidentes por volta dos 6 ou 7 anos; em muitos casos eles aparecem um pouco mais tarde, mas é necessário que estejam presentes precocemente.

Muitos adultos procuram atendimento para diagnóstico sem nunca terem sido tratados anteriormente. No período pré-escolar, os sintomas de hiperatividade e desatenção podem não ser tão facilmente identificados pelo fato de as atividades serem mais dinâmicas, a atenção do professor ser mais individualizada e haver menor expectativa em relação ao desempenho dos alunos. Antes de entrar para a escola, pode ser difícil comparar a atenção e o comportamento com os de outras crianças da mesma idade.

A partir da alfabetização, as crianças começam a participar de atividades que exigem atenção por um período maior e surgem novas exigências quanto ao comportamento. Começa a se exigir que a criança permaneça mais tempo sentada em sala de aula, o conteúdo didático é aprofundado e torna-se necessária a responsabilidade com os deveres de casa.

Com frequência, portadores da apresentação com predomínio de desatenção só apresentam comprometimento do desempenho escolar quando se encontram em uma fase escolar mais adiantada, momento em que aumentam a quantidade de material didático complexo, aumentando assim a necessidade de memorização e de maior atenção aos detalhes. ∎

Muitos adultos procuram atendimento para diagnóstico sem nunca terem sido tratados anteriormente.

Existem outros sintomas do TDAH? Por que eles não estão listados no sistema DSM?

33

CAPÍTULO 2

UM SISTEMA DIAGNÓSTICO, como o DSM ou o CID (Código Internacional de Doenças), não se destina a descrever todos os sintomas de um determinado transtorno – isso ocorre em quase todas as áreas da medicina, e não só na psiquiatria. O que se exige é que o sistema liste todos os **principais sintomas** que o diferenciam dos demais transtornos.

1 Problemas com a chamada "proatividade"

O adulto com TDAH tem dificuldades de ativar-se para as tarefas por si só, precisando de estímulo ou um "empurrãozinho" de fora. A dificuldade de se ativar sozinho para as tarefas pode ser muito significativa em algumas pessoas, em outras é quase inexistente.

> **Exemplos:** sentir-se excessivamente estressado ou impressionado por tarefas que deveriam ser facilmente contornáveis, mas que causam um impacto desfavorável; sentir excessiva dificuldade para iniciar as tarefas do cotidiano (papelada, trabalhos burocráticos etc.) ou ter dificuldade em começar o dia pela manhã.

2 Problemas com a manutenção do esforço

O indivíduo "vai perdendo o gás" ao longo do tempo e não termina aquilo que começou ou, então, parece sempre se desinteressar muito rapidamente das coisas.

> **Exemplos:** fazer trabalhos de qualidade inconsistente, variar muito no desempenho e não produzir o suficiente (enrolar), a não ser sob pressão; não conseguir completar as tarefas no tempo certo e sempre precisar de mais tempo; receber críticas por nunca ter atingido todo o seu potencial (poderia ter feito melhor se tivesse se esforçado ou se não tivesse perdido o rendimento).

3 Problemas com o controle das emoções

Esse é um tema muito pesquisado nos últimos anos e envolve o que se chama de *emotional regulation*. Alguns pesquisadores acham que as oscilações de humor – uma hora se está de um jeito e daqui a pouco se está muito diferente – ocorrem com muita frequência no TDAH, sendo considerado um fenômeno comórbido (coexistente) frequente. Outros acham que a labilidade emocional (essas oscilações de humor) faz parte integrante do TDAH, mesmo que alguns portadores não a apresentem. Nem todo mundo precisa apresentar os mesmos sintomas, ou grupos de sintomas, para ter o mesmo diagnóstico.

Alguns autores sugerem que a irritabilidade é um aspecto importante da labilidade emocional do TDAH. A irritabilidade, durante certo tempo, foi considerada como possível manifestação do *transtorno bipolar;* e mais recentemente estudos científicos mostraram que ela se associa, mais provavelmente, ao surgimento de *depressão* e *ansiedade* com o passar do tempo. Existem indivíduos que apresentam uma irritabilidade crônica, e isso não dependeria tanto das circunstâncias, e aqueles que, na verdade, são teimosos e querem as coisas do seu jeito e ficam irritados quando contrariados. A irritabilidade não é a mesma coisa que *transtorno de oposição e desafio,* o TOD, embora seja comum que ocorra nesses casos.

Existe ainda a chamada impulsividade emocional, que é a impulsividade gerada pelas emoções e que se associa a vários problemas na vida do portador de TDAH: desde agressividade até graves infrações da lei. A irritabilidade pode melhorar apenas com o tratamento do TDAH, mas em geral essa melhora não é tão significativa como a melhora da desatenção e da hiperatividade.

Abaixo estão os itens que permitem avaliar a presença de labilidade emocional:

1. Incomodar-se facilmente com o que as outras pessoas fazem.
2. Perder a calma com frequência.
3. Ficar irritado durante muito tempo.
4. Ficar irritado na maior parte do tempo.
5. Ficar irritado com frequência.
6. Perder a calma facilmente.
7. Ciúmes exagerado.
8. A irritabilidade causa problemas, de modo geral.

Alguns autores sugerem que o reconhecimento de emoções (*emotion recognition*) também pode estar alterado no TDAH.

4 Alterações no sistema de recompensas

Existe um sistema cerebral envolvido com diferentes recompensas, algo considerado como necessário à sobrevivência de qualquer espécie animal; ele modifica o comportamento para se obter com maiores chances de êxito coisas importantes, tais como comida e parceiros para procriar, por exemplo. Os seres humanos têm um sofisticado sistema de recompensas que possui um funcionamento deficitário nos indivíduos com TDAH. Isso também ocorre em alguns outros transtornos.

Existem recompensas imediatas que ocorrem logo após um comportamento: por exemplo, receber um beijo por termos lembrado do dia do aniversário de alguém e dado os parabéns. Essas recompensas aumentam as chances daquele comportamento se repetir no futuro e são extremamente importantes na "construção" progressiva do nosso modo de agir.

Existem recompensas, entretanto, que só ocorrem depois de muito tempo: é o caso da graduação após anos de estudo, por exemplo. Terminar os estudos e ingressar na faculdade de Engenharia, para ser engenheiro como o pai, pode ser uma grande recompensa. Mas ela só ocorrerá depois de muito tempo de estudo.

Nas nossas pesquisas sobre o TDAH, observamos que existe uma necessidade maior de ser recompensado **aqui e agora**; as recompensas que ocorrem num futuro longínquo são pouco eficazes em **gerenciar** o comportamento atual, de modo a mantê-lo ou modificá-lo para se atingir o objetivo desejado.

Quando ocorrem e são muito significativas, as alterações no sistema de recompensa se associam a mudanças constantes de planos. Eles são rapidamente abandonados e trocados por outros e assim por diante. E, frequentemente, há inúmeros projetos que nunca são concluídos. No início as coisas são muito empolgantes e interessantes, e logo se tornam **chatas**.

Um aspecto relacionado às alterações do sistema de recompensas é a frequente falta de motivação observada no TDAH. Isso ocorre porque a motivação depende sempre da ativação daquele sistema. Uma de nossas pesquisas demonstrou que os medicamentos para tratamento do TDAH funcionam por meio da melhora da motivação para fazer as coisas e, em especial, aquelas que demandam mais esforço mental e/ou que sejam mais **chatas**.

5 Dificuldades na percepção do tempo

Muitos portadores de TDAH têm grande dificuldade em estimar um determinado tempo decorrido entre dois eventos. Muitos têm dificuldade com música justamente porque cada nota tem uma duração diferente e é preciso combiná-las quando se executa uma música. Muitos portadores têm dificuldade para estimar quanto tempo seria necessário para realizar uma determinada tarefa.

6 Dificuldades com as funções executivas

É o conjunto de várias habilidades envolvidas no planejamento e execução das nossas atividades, que incluem a capacidade de identificar se o plano original está sendo cumprido, se o resultado está de acordo com o esperado e modificando o plano, se necessário. Envolve a capacidade de planejar, formular uma hipótese e modificá-la por meio de "ensaio e erro" (flexibilidade). ▪

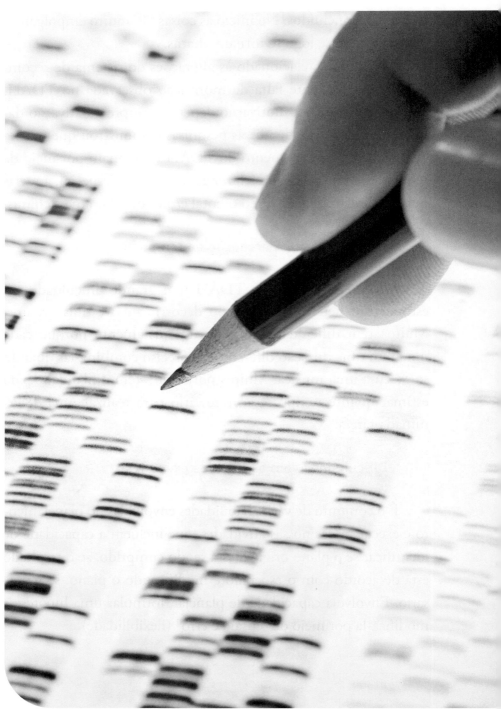
GOPIXA/SHUTTERSTOCK

CAPÍTULO 3

AS CAUSAS

O TDAH é um efeito secundário do uso de mídias digitais?

NO ANO DE 2018, 95% dos adolescentes americanos já tinham *smartphone* e quase a metade deles dizia estar on-line "quase constantemente", checando as mídias sociais, comentando posts, navegando por diferentes sites e assistindo a vídeos.

Um artigo publicado naquele ano investigou adolescentes com diferentes frequências de uso de mídias digitais, acompanhados por 2 anos. Aqueles com maior frequência de uso apresentavam mais **sintomas** de TDAH – não necessariamente o diagnóstico – do que no início da pesquisa, num nível pequeno, mas estatisticamente significativo. Isso aparentemente contribuiria para a ideia de que o atual uso intensivo da internet se associa ao TDAH, mas os resultados não permitem esse tipo de conclusão porque o estudo tinha importantes limitações. A primeira e mais importante é que não foi feito nenhum diagnóstico por especialistas. Eram os próprios adolescentes que informavam o número de sintomas em questionários, sabendo-se que o relato de adolescentes pode ser pouco fidedigno. Além disso, os adolescentes com menor frequência de uso podem ser exatamente aqueles com pais que estabelecem regras de utilização de computadores e celulares, limitam o acesso durante os estudos em casa e conversam com seus filhos sobre uso da tecnologia. Esses pais são justamente aqueles que tem uma chance muito menor de terem, eles mesmos, TDAH; como existe grande hereditariedade, seus filhos também teriam menores chances de ter o transtorno.

A mídia digital é planejada para manter o usuário mais tempo on-line e aumentar as chances de ele se habituar ao uso, isto é, torná-lo dependente. Segundo diversas pesquisas científicas, o seu uso frequente se associa a mudanças no modo como o nosso cérebro trabalha: temos muito mais trocas de atenção – prestar atenção em muitas coisas em sucessão –, perda de concentração pelas notificações, comprometimento do controle de impulsos e da capacidade de tolerar o tédio. Além disso, o uso de mídias digitais está associado a sintomas de má regulação emocional, algo que também é visto em indivíduos com TDAH, como veremos neste livro. Por último, o uso de *smartphones* está associado a alterações no sono, na prática de atividade física e na interação interpessoal e familiar. Todos esses fatores podem se associar a sintomas que parecem os de TDAH, o que não quer dizer que o TDAH seja causado pelo uso de mídias digitais. ∎

O TDAH é genético?

QUANDO SE DIZ QUE UMA DETERMINADA DOENÇA sofre influência da hereditariedade, isso não significa que encontraremos vários parentes com o mesmo diagnóstico na família de cada paciente. Somente quando reunimos centenas ou milhares de pacientes, vemos que existe uma **proporção** maior de familiares acometidos do que o esperado matematicamente. A genética, de um modo geral, não **determina** quem você será, apenas afeta a **probabilidade** de você se desenvolver de um modo específico. Sabemos que o risco de um parente de primeiro grau de um indivíduo com TDAH também ter o transtorno é de 4 a 5 vezes maior; o TDAH ocorre em cerca de 20% dos parentes de primeiro grau. Os estudos científicos sobre o TDAH em diferentes regiões do mundo, em todos os cinco continentes, mostram que a hereditariedade do TDAH se encontra entre 70 e 80%, ou seja, é bastante alta. Outros transtornos que também têm elevada participação genética são a *esquizofrenia*, o *transtorno de humor bipolar*, o *autismo* e a *dislexia*. Os estudos clínicos que investigam a hereditariedade do TDAH envolvem diferentes metodologias: análise de famílias, gêmeos, adoção de crianças e investigando se a proporção do diagnóstico é maior do que o esperado na população geral.

Se crianças adotadas têm a mesma proporção de TDAH que sua família biológica, mas não a sua família adotiva, este resultado aponta para risco genético. O mesmo acontece quando comparamos **gêmeos idênticos** – que são geneticamente iguais, também chamados de monozigóticos – com **gêmeos não idênticos** – que tem códigos genéticos diferentes, também chamados de dizigóticos. Como os pais, a educação, a alimentação, o ambiente, entre outros fatores, são semelhantes em ambos os casos, qualquer diferença na concordância de um transtorno só pode ser devida à genética. Assim, por exemplo, se gêmeos idênticos têm uma concordância de digamos 60% (quando um tem, o outro também tem) e os não idênticos têm de apenas 20%, a única explicação é o risco genético aumentado.

Esses estudos investigam a presença do diagnóstico nos indivíduos e nos informam sobre a elevada participação genética, mas envolvem estratégias diferentes daquelas empregadas nos estudos que investigam diretamente o DNA, nosso código genético, como veremos adiante. ▪

Existe um gene do TDAH?

NO CASO DO TDAH, não existe um único gene, como ocorre em algumas doenças (no caso de Huntington, por exemplo, uma doença neurológica, existe um gene específico que os indivíduos sem a doença não possuem no seu DNA). Nos estudos de transtornos psiquiátricos, como o TDAH, via de regra não falamos em **gene** no sentido tradicional, mas sim em **variantes** de genes que todos nós temos (chamadas de *common genetic variants*).

Exemplificando: a grande maioria dos indivíduos na população geral tem um "gene A" com a seguinte composição "X-Y-Z-2", por exemplo. Alguns poucos indivíduos têm a composição "X-Y-W-2", do mesmo "gene A" (com o W no lugar do Z). Ou seja, existe uma **variação** ou **variante** daquele gene, mas todos têm o mesmo "gene A". Como nos demais mamíferos, os nossos genes estão sempre localizados nos mesmos locais no nosso DNA e cada gene, por sua vez, tem vários locais diferentes dentro dele. Atualmente, os geneticistas têm um "mapa" desses locais. Sabemos que existem locais especificamente relacionados ao sistema gastrointestinal, ao sistema nervoso, aos rins etc.

Nos estudos investigativos da genética do TDAH, descobrimos que existem diversas variantes associadas ao transtorno, não existe uma **única** variante; o mesmo ocorre com outros transtornos com forte influência genética, como o *autismo*, a *esquizofrenia* e o *transtorno de humor bipolar*. Por isso, nos estudos de genética, usamos o chamado **escore poligênico** (poli significa muitos), que diz respeito ao **número total de variantes** que o indivíduo possui; quanto maior o escore, maior o número de variantes associadas ao TDAH. Além de os estudos procurarem identificar essas variantes, procura-se saber a sua localização no DNA, uma vez que podem ocorrer em diferentes locais de um ou mais genes. Por isso, os artigos sobre genética falam em *loci* (locais, em latim), isto é, **onde** estão localizadas essas variantes no "mapa" do nosso DNA.

O maior estudo sobre genética do TDAH, publicado em dezembro de 2018, com mais de 20.000 pacientes com TDAH e 35.000 controles (indivíduos sem TDAH, para fins de comparação), revelou que existem 12 *loci*, envolvendo diferentes genes, relacionados com o TDAH. Todos esses *loci* estão relacionados ao sistema nervoso central. O estudo demonstrou que 30% da hereditariedade do TDAH se deve a essas variantes.

Entretanto, sabemos que esses *loci* também estão relacionados com outros problemas que sabemos ocorrer com maior frequência no TDAH, como a *depressão* e o tabagismo. Esses *loci* também estão relacionados com problemas clínicos, como a obesidade, o diabetes e o aumento dos triglicerídeos. A análise genética só é capaz de explicar, entretanto, uma parte pequena da hereditariedade do TDAH, que é bem alta, como vimos acima (o mesmo ocorre com quase todos os transtornos psiquiátricos). Isso acontece porque o risco genético depende da interação com fatores ambientais para "resultar" num quadro de TDAH. Mais ainda, é muito provável que existam outros genes que estejam regulando à distância (para mais ou para menos) a ação dessas variantes encontradas. Nos estudos científicos com a população em geral, sabemos que quanto maior o **escore poligênico** (número calculado de acordo com a análise genética dos pacientes), maior o número de sintomas de TDAH (dezoito no total). Esse achado reforça a ideia de elevada hereditariedade no TDAH.

Existem também as chamadas CNVs (*copy number variants*), nas quais o que está "diferente" é o número de componentes. No exemplo anterior, indivíduos da população em geral tinham a seguinte composição: X-Y-Z-2. Os indivíduos com CNV teriam algo como X-Y-Y-Y-Y-Z-2, ou seja, uma variante com um número maior de Ys. As CNVs ocorrem em menos de 1% dos cromossomos e estão envolvidas num subgrupo de casos de TDAH. Os portadores de TDAH com inteligência normal tem 2 vezes mais chances de terem CNV, ao passo que aqueles com TDAH e inteligência subnormal (QI abaixo de 70) tem 6 vezes mais chances. ■

Onde entra o ambiente nisso?

EXISTE UMA INTERAÇÃO entre nossos genes e o ambiente, que envolve aspectos como nossa alimentação, nosso grau de escolaridade, nosso nível socioeconômico, eventos traumáticos pelos quais passamos, entre outros. Chama-se a isso de GxE (*Gene x Environment*) e sabemos que essa não é uma relação restrita a transtornos psiquiátricos. Por exemplo, o câncer de intestino sofre influência genética bastante significativa, mas o aparecimento dele parece depender do estilo de vida e do tipo de alimentação do indivíduo. O ambiente em que vivemos pode modificar o "comportamento" de nosso código genético, "liberando" ou "bloqueando" certos genes. Hoje em dia, sabemos que muitos eventos adversos durante a infância, como maus tratos e negligência, por exemplo, têm impacto negativo no desenvolvimento do nosso cérebro. Esses efeitos são modulados, entretanto, pela nossa genética, aumentando ou diminuindo as chances de isso acontecer.

Existem evidências que um estado de privação muito grave, ocorrido nos primeiros anos de vida, também possa se associar ao TDAH; seja como o principal fator de risco, ou associado com fatores de risco genético. Fora isso, até o momento, não sabemos ao certo quais fatores ambientais poderiam interagir com nossas variantes genéticas para resultar num quadro de TDAH. ■

Problemas familiares podem causar o TDAH?

EMBORA ALGUNS PESQUISADORES tenham sugerido anteriormente que um alto grau de discórdia no ambiente familiar – famílias caóticas ou com núcleos familiares fragmentados – pudesse estar relacionado ao aparecimento do TDAH, outros estudos têm questionado essa hipótese. Além de ser mais provável que esses problemas sejam **consequência** do TDAH na criança e em um ou ambos os pais, e não sua causa, considera-se atualmente que o ambiente desfavorável precisa interagir com o perfil genético para resultar num transtorno. Isso é válido para *depressão*, TDAH e vários outros transtornos.

Adultos com TDAH também apresentam mais problemas de comportamento e outros transtornos psiquiátricos (comorbidades) do que aqueles sem o transtorno. Isso poderia contribuir potencialmente para um ambiente familiar ruim, mesmo que não fosse a causa do TDAH, que estaria "passando" geneticamente de pai para filho, independentemente do ambiente em casa. É claro que uma criança ou adolescente com TDAH numa família com muitos conflitos terá um prognóstico pior. ◼

Conflitos emocionais podem causar o TDAH? 39

DE UMA VEZ POR TODAS: o TDAH **não** é decorrente de problemas com a mãe (ou com o pai, ou com o avô, ou com quem quer que seja), **não** é um conflito inconsciente de medo do sucesso, **não é** um problema de personalidade, **não** é uma tentativa inconsciente de se boicotar e muito menos ainda "uma forma diferente de lidar com o aprendizado" ou "com o mundo". É um transtorno com forte influência genética no qual existem alterações no sistema nervoso.

Tereza* era psicóloga e, ao término de um curso sobre TDAH, me procurou e disse que se sentia bem e mal ao mesmo tempo depois do que tinha ouvido. Sentia-se bem porque havia descoberto um nome para o que tinha e sabia agora que existiam outras pessoas com o mesmo problema e que este era bem estudado. Também se sentia feliz por saber que existia um tratamento. Sentia-se mal, por outro lado, porque passara muitos anos submetendo-se à psicanálise, na qual a tônica sempre era o fato de que "ela se boicotava" e "não queria inconscientemente

---
* Nome fictício.

melhorar, ter sucesso". Ou seja, a terapeuta queria dizer que Tereza era a culpada e que sua melhora dependia apenas dela mesma. A psicanálise, obviamente, não só não trouxe nenhum progresso, o que ainda por cima era interpretado como **resistência** de Tereza à melhora, como também só fez a paciente sentir-se cada vez pior.

Isso não quer dizer que uma psicoterapia não possa trazer benefícios para o autoconhecimento do indivíduo com TDAH. Mas ela não vai "descobrir" causas inconscientes e nem "tratar" os sintomas de TDAH. ■

O TDAH pode ser um efeito do modo como as crianças são educadas?

NÃO. TODOS NÓS SABEMOS como algumas crianças se tornam muito malcomportadas em função do modo pelo qual foram criadas. A educação dada pelos pais ou por aqueles que criaram a criança, sem sombra de dúvida, tem papel crucial na forma como ela se comporta. **Mas isso não é o mesmo que sofrer de TDAH!**

Não saber comportar-se num restaurante, não saber esperar quando cada um tem sua vez, falar alto e ser muito bagunceiro podem, de fato, ser efeitos do modo como uma criança foi educada, bastando observar um pouco os pais. Mas o portador de TDAH tem dificuldades crônicas para se concentrar e controlar seu comportamento, mesmo naquelas situações em que ele mesmo gostaria de estar atento e quieto, como os demais. Os comportamentos que são decorrência do modo como fomos criados se modificam continuamente à medida que vamos frequentando ambientes fora de casa e convivendo com pessoas diferentes. Isso não acontece no caso do TDAH. No consultório, é mais fácil para o especialista fazer a distinção entre comportamentos decorrentes da "má-educação" e sintomas de TDAH: enquanto os primeiros causam pouco ou nenhum desconforto aos pais – que também os apresentam em algum grau –, os segundos geram intenso mal-estar e constrangimento. Não é raro que se ouça em casos de TDAH: "ele é completamente diferente do irmão", alguém que teve a mesma educação e mora na mesma casa.

O quadro de sintomas descrito no TDAH é o mesmo desde o início do século XVIII, por incrível que pareça, apesar de terem sido mudados os nomes e as teorias sobre as causas do transtorno. Além disso, os sintomas são os mesmos em diferentes culturas, como foi demonstrado em estudos com crianças do Brasil, da China, do Japão, de vários países da Europa, da Austrália, da Nova Zelândia e da Índia. São culturas diferentes, e, apesar disso, a prevalência (taxa) de TDAH na população é exatamente a mesma. E que tal os sintomas serem os mesmos há mais de um século, apesar de terem existido tantas mudanças na forma de criar os filhos, no sistema educacional e na vida em geral? Ainda assim, os sintomas descritos naquela época são praticamente os mesmos. **Não, definitivamente o TDAH não é um efeito do modo como as crianças são educadas.** ∎

Posso fazer um exame genético para confirmar um diagnóstico de TDAH?

A RESPOSTA É: NÃO! Embora o escore poligênico que vimos acima seja útil nos estudos sobre genética, ele **não** tem qualquer utilidade para o diagnóstico na prática clínica, porque não é capaz de **predizer** matematicamente quem tem e quem não tem TDAH. Não existem testes genéticos para o TDAH até o momento e o mesmo ocorre com vários transtornos psiquiátricos. Outro aspecto importante: embora existam empresas que vendam kits para determinar qual o melhor medicamento para tratar transtornos neuropsiquiátricos (como *depressão*, *psicose* e TDAH), baseando-se na genética do paciente, o seu uso foi oficialmente e fortemente **desaconselhado** pelo Food and Drug Administration (ou FDA, órgão governamental regulador norte-americano) em 2018, porque o embasamento científico é quase nenhum. Nós simplesmente não temos dados suficientes para correlacionar o efeito de medicamentos com o nosso perfil genético, ao contrário do que alegam as empresas fabricantes. ▪

Qual a principal conclusão dos estudos de genética do TDAH?

OS ESTUDOS DE GENÉTICA demostram que o TDAH é o **extremo** de traços encontrados na população em geral, do mesmo modo que o diabetes é o extremo da "quantidade de açúcar" que todos nós temos em algum grau – uns mais, outros menos, outros muito mais. Portanto, poderíamos dizer que não se trata de **ter ou não ter TDAH**, mas simplesmente de **quanto** TDAH cada um de nós tem. O mesmo raciocínio vale para diabetes, hipertensão arterial, glaucoma, colesterol etc. Chamamos isso de uma doença **dimensional**, em oposição às doenças **categoriais** – aquelas que ou nós **temos** ou **não temos**, como câncer, HIV, entre outras. Ter TDAH significa ter um número maior de sintomas que os demais, algo que se associa a uma série de problemas na vida. E isso está relacionado principalmente, mas não exclusivamente, com nossa genética. ■

Existem outros fatores de risco biológicos que não sejam genéticos?

O FUMO DURANTE A GESTAÇÃO foi considerado durante muito tempo um dos principais fatores de risco, mas estudos posteriores questionaram se o fato de a mãe ter TDAH poderia explicar os achados, porque mulheres com TDAH fumam muito mais, inclusive quando estão grávidas. Vários outros fatores também surgiram nos estudos científicos: uso de álcool e drogas durante a gestação, uso de **ácido valproico** – um medicamento para *epilepsia* e *transtornos do humor* –, prematuridade, baixo peso ao nascer e complicações neonatais como, por exemplo, infecções. Do mesmo modo que o fumo, não se sabe se esses fatores na verdade representam um risco genético **indireto**. Vale lembrar ainda que todos esses fatores, que podem comprometer o desenvolvimento de um sistema nervoso central ainda imaturo, vão interagir com a nossa genética. Quanto maior nosso risco genético, maior a chance desses fatores biológicos não-genéticos se associarem a um diagnóstico de TDAH.

Outras hipóteses mais antigas foram abandonadas quando investigadas em estudos científicos posteriores: aditivos alimentares (corantes, especialmente o amarelo, e conservantes); aspartame; excesso de açúcar na alimentação; luz fluorescente;

deficiências de vitaminas; problemas na tireoide; intolerância ao glúten etc. Mais recentemente, os cientistas voltaram a se interessar por deficiências de certos elementos no sangue, mas os resultados ainda são preliminares e deverão ser mais bem investigados antes que se chegue a uma conclusão definitiva. ■

> *Quanto maior nosso risco genético, maior a chance desses fatores biológicos não-genéticos se associarem a um diagnóstico de TDAH.*

O que está alterado no cérebro de quem tem TDAH?

DIVERSOS ESTUDOS JÁ HAVIAM DEMONSTRADO a presença de alterações anatômicas no cérebro de crianças, adolescentes e adultos com TDAH. Um grande estudo publicado em 2017, com milhares de indivíduos com TDAH em diferentes regiões do mundo, incluindo brasileiros avaliados pelo nosso grupo de pesquisa, mostrou que quando comparamos o cérebro de um adulto com TDAH e de um indivíduo sem o transtorno, não existem diferenças anatômicas significativas, ao contrário do que outros estudos menores anteriores haviam sugerido. As diferenças são observadas, entretanto, em crianças e adolescentes com TDAH, o que significa que elas tendem a diminuir com o passar do tempo. A principal mensagem do estudo foi: o TDAH não é decorrente do modo como as crianças são educadas, não é uma doença inventada, é um transtorno advindo de alterações cerebrais. Mais ainda: os resultados indicam que os medicamentos para tratar o TDAH não interferem negativamente no desenvolvimento do nosso sistema nervoso, porque a maioria dos participantes estava ou esteve em tratamento.

As diferenças observadas em crianças e adolescentes ocorrem em algumas estruturas específicas, como no núcleo accumbens, na amídala (tem o mesmo nome das amídalas da garganta, mas é outra coisa), no hipocampo, no cíngulo e no putâmen. O núcleo accumbens é responsável pela regulação da nossa motivação e das emoções e a amídala é responsável pela nossa regulação emocional, algo que será discutido neste livro: é comum que estejam comprometidos no TDAH. Embora o hipocampo seja tradicionalmente responsável pela memória, não existem déficits de memória propriamente ditos no TDAH, eles são consequência da desatenção; mas sabemos que essa estrutura também faz parte do grupo de estruturas responsáveis pela regulação da motivação e das emoções. O cíngulo está envolvido com as chamadas funções executivas, que também são abordadas neste livro. Além das alterações descritas, o volume cerebral e a espessura da camada mais externa do cérebro (chamada de córtex) são menores no TDAH.

Os exames mencionados anteriormente são de **neuroimagem estrutural**, isto é, avaliam a anatomia (estrutura) do nosso cérebro. Existem também os estudos de **neuroimagem funcional**, via de regra restritos à pesquisa, no caso do TDAH. Estes últimos exames têm esse nome porque investigam o **funcionamento** de diferentes regiões do cérebro, não a anatomia. Você pode querer vender seu carro on-line e, para isso, precisa fotografá-lo sob diversos ângulos para mostrar como está a sua "estrutura"; isso seria o correspondente à neuroimagem estrutural. Mas o comprador pode querer fazer um *test drive* com ele antes de comprar, avaliar como está funcionando o motor etc., o que corresponderia à neuroimagem funcional. Em pesquisa, colocamos o indivíduo dentro do aparelho de ressonância magnética – é o mesmo aparelho para a neuroimagem estrutural e funcional –, mas desta vez solicitamos que faça alguma tarefa que aparece num visor. A região responsável por aquela tarefa específica vai se **ativar** enquanto o indivíduo estiver envolvido com ela.

O que os exames de neuroimagem funcional demonstraram é que existe uma alteração no **modo** como nosso cérebro funciona quando temos TDAH. Por exemplo, quando alguém com TDAH precisa manter a atenção em algo por muito tempo, ativa circuitos cerebrais diferentes dos das outras pessoas. Ou ainda, quando o portador de TDAH precisa controlar impulsos ou regular o comportamento frente a recompensas, não ativa alguns circuitos que as outras pessoas ativam. ■

Posso fazer uma ressonância para diagnosticar o TDAH?

NÃO! AS RESSONÂNCIAS PODEM SER REALIZADAS por vários outros motivos, mas não para diagnóstico: quando o médico está investigando a presença de outros problemas ou quando o indivíduo está participando de uma pesquisa são os principais exemplos.

Todas as alterações descritas em estudos de neuroimagem, sejam eles envolvendo pacientes com TDAH, *autismo, esquizofrenia, transtorno bipolar* e vários outros, só podem ser identificadas por meio de **análises muito específicas.** Essas estruturas no nosso cérebro são muito pequenas, invisíveis a olho nu, e as diferenças encontradas também são pequenas. É claro que uma diferença de tamanho, mesmo que pequena, numa estrutura cerebral faz muita diferença no seu funcionamento. Mas os exames que nós fazemos fora do ambiente de pesquisa, aqueles que podemos fazer comercialmente em qualquer local, sem as complexas análises que os pesquisadores fazem, não podem evidenciar essas alterações. ■

E quanto aos outros tipos de exame?

EXAMES ELETROFISIOLÓGICOS TAMBÉM SÃO REALIZADOS em pesquisas científicas e mostram algumas alterações; neste caso, no funcionamento dos nossos circuitos cerebrais, que funcionam através de estímulos elétricos, daí o seu nome. Entretanto, o eletroencefalograma (EEG) e o exame de potenciais evocados não são capazes de "dar o diagnóstico" e também não são necessários para que se faça o diagnóstico. Tenha cautela com um profissional que tenha diagnosticado o TDAH utilizando exclusivamente os resultados de exames complementares – muito provavelmente ele não é um especialista, tampouco tem ideia do que está fazendo.

Nos últimos anos, o Food and Drug Administration (FDA) aprovou para comercialização dois aparelhos que poderiam servir de "suporte ao diagnóstico". Um deles avalia a relação entre as ondas teta (mais lentas) e beta (mais rápidas) no EEG e o outro avalia os movimentos oculares. A comunidade científica reagiu prontamente porque não estava claro para o público em geral um aspecto extremamente importante que o próprio FDA indicava no seu site: ele não avalia o grau de eficiência de determinado produto em realizar um diagnóstico, apenas decide se ele pode ser anunciado comercialmente. E a maioria das pessoas não sabe o que quer dizer "suporte ao diagnóstico"; e, mais ainda, não se sabe se aumenta a confiabilidade do diagnóstico clínico e em que grau. Vale ressaltar que há centenas de estudos sobre várias doenças mostrando alterações que, entretanto, **não servem para fazer o diagnóstico**, servem apenas para entender melhor a doença.

No Lúpus Eritematoso Sistêmico, uma doença autoimune, existem alterações no cabelo, mas elas não são usadas para o diagnóstico, por exemplo. Na *esquizofrenia*, existem alterações neurológicas muito sutis, chamadas de *soft signs*, mas elas também não são usadas para diagnóstico. Há inúmeros exemplos na medicina.

Além disso, muitos estudos demonstrando uma determinada alteração compararam casos típicos de TDAH, nos quais não existe dúvida diagnóstica, com controles normais, ou seja, pessoas sem qualquer problema. Ora, a diferença entre eles é muito grande e não é preciso nenhum exame para diagnosticar um caso típico de TDAH: ele é evidente. Os exames só trariam benefícios caso fosse demonstrado que eles ajudam naqueles casos mais complicados, nos quais o diagnóstico não é tão evidente. Para isso, seriam precisos estudos completamente diferentes, comparando casos típicos, controles, TDAH com comorbidades, casos subclínicos – sem sintomas suficientes para diagnóstico –, casos atípicos, entre outros. Mas não temos estudos suficientes desse tipo. ■

Existem outros exames empregados no TDAH?

O EXAME NEUROPSICOLÓGICO CONSISTE na administração de testes para investigar a atenção, o controle de impulsos, a memória, a leitura etc. É de longe o exame mais solicitado em casos de TDAH, tanto no Brasil quanto no resto do mundo, embora ele também não seja necessário para o diagnóstico, à semelhança de todos os demais exames que comentamos. O motivo de ele ser frequentemente solicitado recai no fato de fornecer alguns dados importantes para o profissional que está investigando um possível caso de TDAH. Em primeiro lugar, ele fornece uma medida de inteligência geral, habitualmente o QI (quociente de inteligência). Embora teoricamente o diagnóstico de TDAH possa ser feito quando existe uma deficiência intelectual, a maioria dos médicos e psicólogos tende a considerar a desatenção em casos assim como secundária às dificuldades de compreensão dos conteúdos escolares: é simplesmente muito difícil manter-se concentrado durante muitas horas, dia após dia, em coisas que você não está entendendo direito. Um segundo motivo é que, além de envolver testes de atenção, o exame neuropsicológico é bastante demorado e, assim, é possível para o neuropsicólogo observar desatenção ao longo de muitas horas e ocasiões, mesmo naqueles testes que não são originalmente destinados a avaliar atenção. Por último, um exame neuropsicológico completo envolve a avaliação detalhada da linguagem escrita; os *transtornos de aprendizagem*, como a *dislexia*, não apenas podem ser confundidos com o TDAH como frequentemente ocorrem simultaneamente a ele, como veremos neste livro. Um último tipo de exame, o de **processamento auditivo**, não é recomendado para o diagnóstico de TDAH, embora possa trazer contribuição para outros transtornos, e ainda não temos suficientes dados para entender melhor os seus resultados. ∎

FIZKES/SHUTTERSTOCK

CAPÍTULO 4

COMORBIDADES

Que outros transtornos podem aparecer junto com o TDAH?

ATUALMENTE, SABE-SE QUE É MUITO COMUM a existência de vários outros transtornos em conjunto com TDAH. Chamamos isso de **comorbidade**, algo observado em várias outras áreas da medicina.

Entre os mais comuns, estão a *depressão* e a *ansiedade*. Crianças deprimidas tendem a ficar mais irritadas, com queda acentuada do rendimento escolar. Em alguns casos elas podem ficar mais apáticas. Elas também podem não ter apetite normal e manifestam menos interesse por brincadeiras e jogos. É muito importante não "deixar passar" esse diagnóstico em quem tem TDAH, atribuindo tudo ao transtorno.

Alguns portadores de TDAH ainda podem ter o que se denomina *transtorno bipolar,* que é uma alternância de fases de *depressão* com fases de muita energia, autoestima elevada, pouca necessidade de dormir e comer, muitos planos excessivamente otimistas (fases maníacas). Existem ainda muitos debates sobre como deve ser feito o diagnóstico apropriado desse transtorno em crianças e adolescentes; durante certo tempo, achava-se que ele poderia se manifestar principalmente com "tempestades" de mau humor e agressividade, "explosões" por conta de mínimas frustrações. Mais recentemente acredita-se que esses sintomas compõem o que chamamos de *Transtorno Disruptivo da Regulação do Humor* (TDDH), e não há necessariamente uma progressão para o *transtorno bipolar.*

Os transtornos de *ansiedade* mais comuns encontrados no TDAH são: o *transtorno de ansiedade generalizada* (TAG), quando ocorrem níveis constantes de *ansiedade* – oscilantes ao longo do tempo, porém sempre presentes em algum grau – e as *fobias* – medos intensos de algo ou uma situação específica. Algumas crianças apresentam ideias persistentes: medo de doenças ou sujeira, por exemplo; e comportamentos repetitivos, rituais, tais como checar fechaduras, lavar as mãos ou contar repetidamente as coisas sempre em um número determinado de vezes. Outras crianças têm rituais que passam por **manias**: fechar a porta três vezes, bater no interruptor quatro vezes etc. Nesses casos, dizemos que elas apresentam o *transtorno obsessivo-compulsivo* (TOC).

Problemas comportamentais também aparecem com muita frequência, entre eles o chamado *transtorno de oposição e desafio* (TOD), que é provavelmente o nome mais explicativo que já se deu a alguma coisa em toda a psiquiatria. O nome diz tudo: um comportamento em que a criança desafia ativamente os pais e os professores, se opondo a obedecer a regras ou limites. Caracteriza-se por uma desobediência muito grande em várias situações diferentes, tanto em casa quanto na escola. Crianças com TOD frequentemente implicam deliberadamente com os outros.

Alterações mais graves de comportamento estão presentes no chamado *transtorno de conduta* (TC), em que a criança apresenta comportamento antissocial – roubos e furtos, mentiras, agressões, maus-tratos a animais, violação da propriedade alheia etc. Existem diferenças importantes entre TOD e TC: no TOD existe o desafio a figuras de autoridade e a regras, mas não há infrações de regras morais que são mais ou menos universais (como roubar). Crianças e adolescentes com TOD são muito mais irritáveis e ansiosos, em relação àqueles com TC, que podem, inclusive, ter pouca ou nenhuma *ansiedade*. No TOD, existe um exagero de comportamentos vistos em algum grau nas crianças normais. No caso do TC, existem comportamentos que são claramente distintos daquilo que se considera normal e aceitável do ponto de vista moral.

Outros problemas que podem aparecer no TDAH e que também são encontrados na população em geral, em pessoas que não têm TDAH, são: a *enurese* (fazer xixi na cama) e os *tiques*; quando são múltiplos e muito significativos, são chamados de *transtorno de tiques*. Quando existem tiques vocais, sons feitos com a língua ou com a garganta, são chamados de *síndrome de Tourette*.

Os problemas de aprendizado que podem ocorrer simultaneamente ao TDAH serão comentados adiante.

É fundamental a identificação de outros problemas associados, pois a sua presença modificará o tratamento, assim como a escolha da medicação mais adequada, o encaminhamento para terapias específicas e o prognóstico. ■

Mas o TDAH por si só não acarreta problemas emocionais?

POR DEFINIÇÃO, O TDAH se associa a consequências negativas na vida do indivíduo e, por isso, são esperados problemas emocionais. Mas nem todo portador de TDAH apresenta necessariamente comorbidade com outros transtornos. A comorbidade é observada em cerca de 60 a 70% dos casos infantis e adultos, sendo o TOD a comorbidade mais comum, seguida da *depressão, ansiedade* e *transtornos de aprendizagem*.

Mesmo quando não há outro diagnóstico, isto é, não existe comorbidade com outros transtornos, crianças portadoras de TDAH apresentam mais problemas psicológicos: elas podem apresentar baixa autoestima, sensação de fracasso e instabilidade nas relações com os demais colegas. As crianças e os adolescentes com TDAH tendem a ser mais rejeitados pelos colegas.

O mau rendimento escolar e as dificuldades nos relacionamentos podem contribuir para a sensação de mal-estar. Quando entram na adolescência, as crianças com TDAH apresentam maior risco para uso excessivo de álcool e de drogas ilícitas, assim como para comportamentos irresponsáveis, em parte causados pela impulsividade. Adolescentes com TDAH tem mais gravidez indesejada e também mais doenças sexualmente transmissíveis.

Na vida adulta, portadores de TDAH apresentam vários problemas no cotidiano, tais como dificuldades para iniciar as tarefas do dia a dia, adiamento de decisões o tempo todo, falta de motivação e mudanças constantes nos interesses pessoais e profissionais. Comumente são descritos como "fogo de palha" por demonstrarem interesses passageiros em várias atividades, por vezes muito diferentes. É comum a queixa de desorganização e de falta de planejamento na execução das coisas em geral. Quando estão envolvidos em relações afetivas mais estáveis, é comum o cônjuge queixar-se da falta de atenção e de companheirismo, como também da mudança constante de planos.

A maioria dos adultos portadores do TDAH apresenta queixas de memória. A mudança incessante de canais de televisão ou estações de rádio e a dificuldade para ler textos longos ou ouvir histórias longas e detalhadas são a expressão da dificuldade em manter-se numa mesma coisa por muito tempo. Adultos não têm hiperatividade como as crianças: são inquietos, fazem várias coisas ao mesmo tempo ou são *workaholics*, pessoas que trabalham excessivamente. ■

Quais os problemas de aprendizado escolar associados ao TDAH?

OS PORTADORES DO TDAH podem ter tantos problemas de comportamento como de desempenho acadêmico. Quando as queixas da escola ocorrem muito precocemente, em geral elas dizem respeito ao comportamento hiperativo – não parar quieto em sala de aula. As queixas de desatenção só vão surgir um pouco mais tarde, quando houver exigência de se manter concentrado mais tempo na explicação da professora ou num exercício ou tarefa.

Crianças e adolescentes com TDAH cometem muitos erros por desatenção, **erram bobagens**, e acabam nunca estudando o suficiente porque não conseguem ficar sentadas com um livro durante muito tempo. O adiamento até o último momento do dever de casa é geralmente motivo de brigas em casa.

Quando a inteligência é normal e não existem problemas de leitura (veja mais adiante), é comum que o aluno com TDAH "vá empurrando com a barriga", "dando um jeitinho aqui e outro ali" e acabe passando de ano. De um modo geral, entretanto, o desempenho acadêmico de um portador de TDAH está abaixo dos demais na mesma turma. Quando ele consegue dedicar-se mais, o desempenho melhora.

Atenção, mães: em nada adianta pura e simplesmente **cobrar** mais empenho de um portador de TDAH. Bem, acredito que vocês já saibam disso. Apenas um lembrete de que seu filho tem um **transtorno** que dificulta que ele se empenhe tanto quanto os demais. Se cobrar, gritar, espernear e brigar adiantasse, você não estaria lendo este livro.

Entretanto, podem existir outras dificuldades entre as crianças e adolescentes portadores de TDAH que aumentam significativamente os problemas na escola: dificuldades com a leitura (*dislexia*) e com a matemática (*discalculia*) são os exemplos mais comuns.

Problemas com a linguagem, comprometendo de forma mais global tanto a comunicação verbal quanto a leitura e escrita, também podem ocorrer; é o caso do *transtorno do desenvolvimento da linguagem* (TDL), anteriormente chamado de *déficit específico de linguagem* (DEL). Nesses casos, não são apenas a leitura e a escrita que estão comprometidas, mas também a capacidade de se expressar de modo claro ou a capacidade de entender o que os outros dizem.

A *dislexia* e a *discalculia* são chamadas de *transtornos de aprendizagem*. Ocorrem na população em geral, porém aparecem em associação ao quadro do TDAH com maior frequência do que o esperado. A maioria dos portadores de TDAH não apresenta *transtornos de aprendizagem*; se existe suspeita de dificuldades adicionais, deve-se fazer um exame especializado, o exame neuropsicológico com avaliação de linguagem. No sistema DSM-5, fala-se em *transtornos de aprendizagem*, devendo-se indicar em qual área ocorre o comprometimento: leitura, matemática etc. ∎

Existem problemas clínicos associados ao TDAH?

SIM. CRIANÇAS E ADOLESCENTES COM TDAH tendem a ter mais acidentes, caem mais e se machucam, o que se considera ser consequência da sua inquietude e também da sua desatenção. Porém, algumas pesquisas mostram que um histórico de asma é mais comum em quem tem TDAH, por motivos ignorados.

O sobrepeso e a obesidade têm se tornado um problema de saúde pública nos últimos anos e há países em que 50% dos adultos e 25% das crianças e adolescentes estão acima do peso máximo recomendado para a altura. Diversos estudos, incluindo alguns dos nossos, apontam que existe uma associação entre TDAH e obesidade, mas ainda não é claro como isso ocorre.

Sabe-se que o TDAH pode se associar a alterações no comportamento alimentar, como ataques de bulimia (ou *binge*, em inglês) e à inatividade; aspectos que tem o potencial de levar à obesidade. Embora alguns pesquisadores tenham suspeitado que hormônios relacionados à obesidade (leptina) e um comportamento de ingestão excessiva de doces pudesse se associar a sintomas parecidos com os do TDAH, um grande estudo epidemiológico acompanhando crianças até a adolescência mostrou que é o TDAH que se correlaciona com o aparecimento de obesidade, e não o contrário. ■

Como as consequências do TDAH podem ser minimizadas?

52

COMO FOI MENCIONADO ANTERIORMENTE, o TDAH é um transtorno muito comum e também prejudicial ao desenvolvimento emocional, acadêmico e social. Por isso, é importante que pais, professores, pedagogos, fonoaudiólogos, psicólogos e médicos sejam capazes de identificar os sintomas. Quanto mais precoces o diagnóstico e o tratamento, mais facilmente evitaremos as consequências negativas.

O tratamento pode ser feito de uma forma interdisciplinar, com vários profissionais diferentes trabalhando em equipe, além de orientação aos pais e professores. Vários estudos mostram que a criança e o adolescente com TDAH que recebem tratamento adequado são menos propensos a desenvolver problemas de comportamento, quadros de *ansiedade* e baixa autoestima, além de apresentar menor risco de abuso de álcool ou drogas.

A orientação aos pais vai facilitar o convívio familiar, não só porque ajuda a entender o comportamento do portador do TDAH, mas também porque permite ensinar técnicas que auxiliam no manejo dos sintomas e na prevenção de problemas futuros. No caso de adultos, pode ser necessário também orientar o cônjuge. Um exemplo bem simples e muito comum: crianças com TDAH têm maiores chances, por razões óbvias, de serem repreendidas e de receberem castigos do que de serem elogiadas e de receberem prêmios. Agora, imagine o que é educar uma criança quase sempre repreendendo e castigando e quase nunca elogiando ou premiando. Isso geralmente se correlaciona ao surgimento de diferentes problemas futuros. Uma das primeiras e mais importantes orientações que damos aos pais é evitar passar o tempo todo castigando.

A intervenção escolar, que é necessária em alguns casos, pode facilitar o convívio dessas crianças com os colegas e evitar que elas se desinteressem pelo colégio, fato muito comum em adolescentes portadores do TDAH. O problema é a escola participar do tratamento; muitas escolas não apenas desconhecem o TDAH, como não têm desejo ou possibilidade de participar do tratamento, pelas mais variadas razões.

É claro que o tratamento do TDAH terá resultados variáveis, dependendo de inúmeros fatores. Em alguns casos, as mudanças podem ser dramáticas, com resultados muito favoráveis (frequentemente vemos professores surpresos com "tanta melhora" em casos considerados "sem jeito"). Noutros, com problemas associados como: *depressão*, problemas de aprendizado, abuso de álcool ou drogas, presença de TOD ou TC etc., os resultados podem não ser tão bons.

Existem também as variáveis relacionadas ao contexto familiar. Já vi casos em que o pai – profissional bem-sucedido e com boa escolaridade – simplesmente achava "tudo isso uma bobagem" e dizia, sem o menor constrangimento, que o que faltava ao filho era "uma boa surra". Mais de uma vez ouvi uma mãe constrangida dizer que o pai era "contra essa história de psicólogo e psiquiatra".

Também já vi casos de mães ou pais que apresentavam mais problemas que os filhos: não chamavam a atenção nem impunham nenhum tipo de limite a comportamentos gravemente inadequados. Em certa ocasião, uma mãe se aborreceu com uma fonoaudióloga da nossa equipe, que era uma das pessoas mais razoáveis e com melhor jogo de cintura que já conheci, simplesmente porque ela tentava restringir um comportamento agressivo e destrutivo de sua filha na sala de espera. Em casos como esses, o prognóstico do TDAH é bem pior e o tratamento é menos eficaz. Infelizmente, muitos pais não suportam e rejeitam qualquer tipo de crítica aos seus filhos, mesmo quando elas são pertinentes e adequadas. Isso só tende a agravar problemas que já existam eventualmente. ■

CAPÍTULO 5

VISÃO GERAL DO TRATAMENTO

Meu filho vai ter que tomar medicamento?

ALGUMAS PESSOAS TÊM UMA IDEIA surpreendentemente terrível acerca do que seja o tratamento farmacológico do TDAH. Já consultei pais que me questionaram longamente sobre as "consequências" do uso de medicamentos. E, em alguns casos, curiosamente, muito pouco sobre as "consequências" do transtorno. Muitos têm dúvidas sobre os possíveis efeitos das medicações utilizadas e, em especial, querem saber por quanto tempo seu filho irá tomar a medicação, o que equivale a dizer: "Tudo bem, vamos dar este medicamento para o nosso filho, mas vai ser pelo menor tempo possível".

É possível que muitos pais se sintam de algum modo responsáveis pelo comportamento do filho e, assim, tenham certo desconforto em tratá-lo por algo que, no fundo, consideram ter alguma participação. Muitos têm a ideia de que o medicamento irá transformar a mente de seus filhos e de que eles ficarão "dopados". Os medicamentos utilizados no tratamento do TDAH não são sedativos e nem tem por objetivo transformar o indivíduo em "outra pessoa completamente diferente".

Com muita frequência, pais que têm medo de administrar um medicamento ao filho apresentam um raciocínio enviesado: lembram com detalhes de um caso específico, geralmente de um conhecido ou parente, em que ocorreram efeitos colaterais e "desconsideram" todos os demais casos (a grande maioria) em que os benefícios foram significativos.

Por alguma razão misteriosíssima – que não será desvendada neste livro –, existem profissionais que insistem em dizer que inúmeros transtornos se devem a causas psicológicas e que, portanto, devem ser tratados com psicoterapia. Mesmo quando toda a neurociência evoluiu a ponto de já poder identificar áreas cerebrais que não estão funcionando direito e de documentar visualmente essas alterações para que todos possam evidenciar os resultados das pesquisas, ainda tem gente insistindo que este ou aquele transtorno é "emocional". Algo muito comum é achar que, por meio da psicoterapia, é possível descobrir as "verdadeiras causas" de todo e qualquer problema comportamental, não havendo necessidade de se empregar medicamentos.

Essas pessoas, desinformadas, adoram dizer que "os medicamentos tratariam os sintomas, mas não a causa, do mesmo modo que a aspirina tira a febre, mas não resolve a infecção que está causando a febre". A analogia parece muito interessante, entretanto é inteiramente falsa. Uma afirmação pode "fazer algum sentido" e, mesmo assim, ser equivocada. Existem inúmeros exemplos disso. Os sintomas clínicos do TDAH (desatenção, hiperatividade e impulsividade) são a própria doença.

Quando não tínhamos os sofisticados métodos de investigação científica como hoje em dia, a maioria das hipóteses recaía sobre causas psicológicas. Não podemos culpar os estudiosos de um século atrás. Mas é um tanto difícil aceitar isso hoje em dia, com a quantidade enorme de achados científicos, aliás, disponíveis a todos que queiram se atualizar e frequentar congressos. Bem, esse é um outro problema.

Por outro lado, há profissionais que acham que transtornos que tenham causas biológicas ou bioquímicas, orgânicas, devem ser tratados exclusivamente por médicos e unicamente por meio de medicamentos. Para os psicólogos, ficariam apenas os problemas de causas "psicológicas", "emocionais". Isso é outra bobagem sem fim. Um problema pode ter causas biológicas, necessitar do uso de medicamentos e, ainda assim, ser tratado também com técnicas psicológicas que podem ser extremamente importantes para o portador do TDAH.

A importância da psicoterapia não diminui pela existência de causas biológicas. Também não é a gravidade do problema que determina qual o tratamento mais recomendado ou eficaz: a anorexia nervosa, uma doença com índice de mortalidade elevadíssimo, é mais bem tratada com psicoterapia do que com medicamentos, segundo todos os consensos médicos internacionais. O medicamento deve ser encarado exatamente como um par de óculos, como sugeriram alguns autores. Quando se enxerga mal, é difícil ler e estudar, além de desempenhar uma série de outras atividades. Quando o oftalmologista prescreve os óculos, ele torna o indivíduo capaz de enxergar normalmente. O que o indivíduo vai decidir ler ou observar fica por conta dele mesmo. Ele pode até mesmo decidir não ler coisa alguma, dedicar-se apenas a observar a natureza, ler livros de física quântica ou histórias em quadrinhos. Os óculos são apenas um instrumento que permite ao indivíduo aproveitar sua visão da melhor forma possível. Os medicamentos usados no tratamento do TDAH permitem que algumas funções mentais sejam normalizadas.

Do mesmo modo que seria difícil estudar enxergando mal, seria difícil estudar sem conseguir prestar atenção àquilo que se lê. Os óculos, assim como os medicamentos para o TDAH, tornam o indivíduo mais capacitado para inúmeras atividades, colocando-o em pé de igualdade com os demais indivíduos que enxergam normalmente ou que conseguem prestar atenção às coisas, respectivamente.

Pessoas que utilizam medicamentos para o TDAH não perdem a capacidade de fazer aquilo que determina sua vontade, muito menos de julgar as coisas. Na verdade, elas obtêm melhoras na sua determinação e no seu julgamento, em especial porque se tornam um pouco menos impulsivas, explosivas e desatentas, e mais tolerantes. Isso já foi inclusive demonstrado cientificamente em crianças, contrariando a ideia de que elas se tornam "robôs". ■

A atitude dos pais em relação aos filhos pode "piorar" o TDAH?

MUITOS PAIS SE SENTEM CULPADOS, ao menos em parte, pelo comportamento dos filhos (com ou sem TDAH, diga-se de passagem). O modo como os pais interagem com seus filhos pode **agravar** os sintomas de TDAH, porém nunca causá-los. Alguns exemplos disso:

1. **Pais que têm dificuldade em estabelecer normas de comportamento bem claras e definidas** podem contribuir para um aumento dos comportamentos inadequados das crianças, porque elas não terão nem exemplos e nem diretrizes que norteiem seu comportamento. Algumas situações que exemplificam isso:

   - O pai diz que não se deve gritar dentro de casa, mas ele mesmo grita quando briga com a mãe ou com os filhos. O mesmo vale para palavrões.
   - O pai ou a mãe insistem que "mentir é feio", mas o filho presencia o pai ou a mãe dizerem "pequenas mentiras" ao telefone.

- A mãe insiste para que ele coma "com modos" quando está fazendo refeições com o restante da família ou com estranhos, mas o pai come "sem modos" em várias outras ocasiões e ela nada faz ou nenhuma "consequência" acontece.
- A mãe diz que "ler é muito importante", mas a criança não vê ninguém ler nenhum livro dentro de casa.

2 **Quando os pais discordam muito entre si sobre o modo como educar seus filhos, tornando as regras familiares confusas.** A criança, em geral, fica sem saber o que será **realmente** exigido dela. Alguns exemplos comuns:

- O pai coloca o filho de castigo por algo que ele fez e a mãe, com o "coração mole", o retira do castigo pouco tempo depois, sem que este tenha sido cumprido.
- A mãe pede para "não contar para o pai" algo que o filho fez.
- O pai diz que "não pode" fazer uma certa coisa, mas depois de muita insistência do filho, ele acaba "cedendo" (em geral, por cansaço) e diz "então, tá, mas só desta vez".

3 **Um estilo de educação muito "permissivo", em que os pais toleram muitos comportamentos inadequados da criança.** Ela nunca é treinada, ao longo da sua infância e adolescência, para lidar com limites, que terá que enfrentar ao longo de toda a vida, inevitavelmente. Aparentemente, isso tem se tornado muito comum hoje em dia. Alguns exemplos:

- As crianças ficam correndo e fazendo bagunça numa sala ou num restaurante, mas os pais apenas pedem "para não fazer isso" umas cem vezes seguidas, sem tomar nenhuma outra providência concreta. Quando o fazem, parecem estar eles mesmos prestando atenção em outra coisa – na conversa com os outros adultos, por exemplo –, e a reprimenda parece algo perdido no meio de tudo.

- ⊚ Os pais defendem a todo custo o seu filho na escola, mesmo quando está claro que ele estava errado e foi corretamente advertido ou punido pelos professores.

4 **Famílias muito exigentes que não conseguem dosar a flexibilidade que devem ter para pequenos erros.** Todo mundo pode errar de vez em quando! E ninguém precisa estar entre os cinco melhores alunos da turma. Esses pais podem colaborar para o aumento da ansiedade, a sensação de frustração e a irritação das crianças e dos adolescentes com TDAH. Chegou-se a cunhar a expressão "pais helicópteros", porque ficam pairando o tempo todo sobre as crianças.

5 **Algumas famílias costumam discutir com frequência, berrar e eventualmente bater nos filhos**, ou seja, têm um estilo agressivo de resolver os conflitos dentro de casa. Levando-se em consideração que os pais servem como modelos para seus filhos, que tendem a imitá-los, tais comportamentos podem gerar ou acentuar a frequência de comportamentos agressivos e opositivos na criança. ■

É comum se sentir cansado e sem esperança?

PODE SER BEM DIFÍCIL E CANSATIVO lidar com um filho com TDAH. Em uma de nossas pesquisas, demonstramos que mães de crianças com TDAH apresentavam uma espécie de "envelhecimento" mais precoce do seu material genético, algo que sabemos ocorrer quando existe níveis mais graves de estresse.

Os pais frequentemente têm que prestar atenção o tempo todo no que ele está fazendo, gastar horas extras acompanhando deveres de casa, comparecer à escola (e ouvir reclamações), entre outras coisas. Além disso, algumas crianças com TDAH podem ter TOD, tornando ainda mais difícil sua educação. A isso, se acrescenta o fato de que a falta de informação sobre o assunto é geralmente grande, fazendo com que o diagnóstico do TDAH seja feito mais tarde do que seria adequado, dificultando o acesso às informações e o apoio do qual tanto as crianças quanto os pais precisam. Isso quando a criança já não passou por uma série de tratamentos não-especializados que não trouxeram nenhuma ajuda e aumentaram a sensação de que "não tem jeito mesmo".

Colaborar no programa de modificação de comportamento de seu filho não significa que você seja culpado de qualquer coisa. Você não acha que muitas vezes é bastante difícil julgar se devemos ser rígidos, se devemos voltar atrás, qual é a melhor maneira de solucionar certas situações? Procurar ajuda especializada para aprender a administrar melhor os conflitos e as dificuldades pode ser um caminho. A procura por ajuda especializada deve ser vista não como reconhecimento de uma falha ou incompetência, mas como a percepção de que alguns problemas são melhor administrados com a ajuda de um profissional especializado em fazer exatamente isso. ■

Colaborar no programa de modificação de comportamento de seu filho não significa que você seja culpado de qualquer coisa.

O que os pais podem fazer para ajudar no tratamento?

OS PAIS SÃO A PEÇA-CHAVE no tratamento de crianças e adolescentes. O primeiro passo é informar-se sobre o que exatamente é o TDAH, suas causas e como se manifesta nas diferentes situações do dia a dia e nos diferentes locais que a criança ou o adolescente frequenta. É importante aceitar o TDAH como um problema real que merece cuidados especiais e não como resultado de um "temperamento difícil" ou "teimosia". É importante também que procurem se orientar sobre como se comportar com seu filho, tornando-se verdadeiros "especialistas" no assunto.

Os pais devem manter um diálogo sobre os problemas em casa, ajudando a criança ou o adolescente a entender as dificuldades de si próprio. Lembre-se de que, no TDAH, o portador não tem uma boa crítica sobre seu próprio comportamento e o impacto dele nos outros.

Escute as opiniões de seu filho sobre aqueles aspectos do seu comportamento que facilitam ou dificultam as coisas para ele. Diga a ele que vocês podem formar um "time" e descobrir coisas em comum. Ele deve ser estimulado a dizer o que pensa, formular opiniões e discuti-las com você. É claro que isso vai depender da idade dele, mas pode ser estimulada, pouco a pouco, desde cedo.

As normas sobre os comportamentos precisam ser sempre claramente estabelecidas. Ou seja, ele precisa de um ambiente familiar que tenha rotinas, que seja previsível e que ele saiba exatamente o que se espera dele.

As regras devem sempre fazer sentido e ser constantes para todo mundo dentro de casa:

1 Explique por que as pessoas devem se comportar desta ou daquela maneira, pois isso pode não ser evidente muitas vezes. É o que acontece num restaurante, por exemplo. Fale das consequências de se comportar de modo diferente daquilo que é esperado pelas demais pessoas. Explique o que é **sentimento de filiação**, sentir-se parte de um grupo, e a importância dos grupos e da vida em sociedade. Dê exemplos.

> **Muito importante:** explique sempre que possível a consequência das nossas decisões e dos nossos atos para os outros. Isso é considerado como algo crucial na educação de crianças e pode ser algo especialmente importante no TDAH.

2 As normas de comportamento mudam de acordo com o contexto? Algumas podem mudar, sim. Por exemplo, você se comporta diferente na praia e na casa de um parente. Mas é importante sinalizar (verbalizar) o porquê das exceções que, como o próprio nome diz, são geralmente raras.

Idealmente, qualquer norma só deve ser estabelecida se todos concordarem com ela.

Carlinhos* era portador de TDAH e estava em tratamento há algum tempo, com excelente melhora da desatenção e da hiperatividade. Entretanto, ainda era comum que ele fizesse muita bagunça com suas coisas, em geral. O que mais parecia enlouquecer sua mãe era o "estado" do banheiro quando ele terminava o banho. Ele nunca se lembrava de fechar a tampa dos xampus, o que frequentemente os fazia derramar. Por mais que se falasse, ele nunca lembrava. Foi combinado o seguinte: como todos que usavam o xampu eram prejudicados pelo seu esquecimento, seria justo descontar o preço do xampu de sua mesada, para que fosse comprado um outro frasco.

Observe que, no exemplo acima, muito simples, a regra estabelecida foi considerada justa por todos e acordos foram feitos sem brigas ou castigos, antes que ocorressem novamente os problemas. Jamais utilize uma regra que apenas uma das partes ache justa ou, pior ainda, que não faça sentido ou não tenha um porquê, do tipo "eu quero que seja assim e pronto".

É importante também deixar bem claro para ele o quanto ele está progredindo e que, portanto, vale a pena continuar o esforço para a mudança. **Deixe bem claro para ele quais foram as vantagens de ter conseguido fazer esta ou aquela mudança**. Lembre-se: os portadores do TDAH têm dificuldade em perceber a si próprios e aos outros. ∎

---

* Nome fictício.

Vamos começar agora mesmo?

ALGUNS PAIS SENTEM-SE IMPELIDOS a "resolver tudo logo" com o objetivo de ajudar imediatamente seu filho ou simplesmente porque "não aguentam mais". **Não vá querer modificar todos os comportamentos de seu filho ao mesmo tempo!** Isso levaria a um desgaste familiar com muita pouca chance de sucesso. Na verdade, isso implicaria chamar a atenção de seu filho o tempo todo, e ele acabaria tendo a sensação de estar sempre errado, gerando um sentimento de frustração.

ESCOLHA SUAS PRIORIDADES

Como meta inicial, liste um ou dois comportamentos e canalize seus esforços na modificação deles. Uma vez que você tenha conseguido sucesso na sua primeira meta, você pode gradualmente focalizar outros aspectos que merecem atenção.

> **Exemplo:** se o quarto é uma bagunça, não adianta pedir mil vezes ou gritar para que seu filho o mantenha arrumado. Escolha uma coisa específica, por exemplo, jogar a roupa suja no

cesto de roupa suja e esqueça todo o restante. Das primeiras vezes, você deverá falar com ele calmamente, sem alterar o tom de voz e, preferencialmente, irá pegá-lo pela mão e levar a roupa suja junto com ele até o cesto. Você fará isso algumas vezes, dia após dia, sem alterar o tom de voz e vai descobrir que precisará fazer isso muito mais vezes do que com o irmão, que não tem TDAH. Assim que ele jogar a roupa suja sozinho no cesto, recompense-o imediatamente. Pode ser elogiando, dando um beijo, qualquer coisa. Não se preocupe se após alguns dias ele voltar a deixar a roupa suja no chão: recomece da mesma forma que antes e você verá que ele vai retomar o comportamento desejado mais rapidamente que na primeira vez. A partir daí você deve escolher outro comportamento, por exemplo, arrumar as coisas em cima da escrivaninha. E por aí vai. Nunca tente "arrumar o quarto" todo de uma vez só. Simplesmente não funciona.

Nem sempre se consegue uma modificação de comportamento rápida. Alguns comportamentos inadequados foram se fortalecendo ao longo dos anos e exigem muita paciência. Eles se fortaleceram porque não existia nenhuma estratégia para modificá-los até então, mas agora pode ser diferente. Anime-se!

Sempre escolha uma coisa mais fácil de ser conseguida, mesmo que pequena e pouco importante, passando aos poucos para as coisas mais difíceis. Se exigirmos algo muito difícil inicialmente, é provável que a criança fracasse. ▪

Mas não é difícil ver as vantagens em se mudar um comportamento?

58

PODE SER, PRINCIPALMENTE SE AS VANTAGENS ocorrerem num futuro distante. Pessoas com TDAH, tanto as crianças como os adultos, têm dificuldades de se motivar quando as recompensas só ocorrem num futuro muito distante, como vimos anteriormente. **Tente sempre evidenciar as vantagens mais próximas**. Aqui vale a pena dizer que é necessário mostrar por que muitos dos desejos e sonhos do seu filho dependerão bastante da educação formal que recebeu ao longo da vida – isso pode não ser evidente para ele. ∎

CAPÍTULO 5

E naqueles dias em que estou louco de raiva?

CONHEÇA SEUS LIMITES! É importante respeitar suas próprias necessidades de relaxamento e diversão. Muitas vezes você estará cansado, estressado ou irritado. Particularmente nesses momentos, ao lidar com uma criança que não para quieta, que interrompe o que você está fazendo ou esbarra nas coisas, seus impulsos podem ser de bater, castigar ou ameaçar. **Saiba quando não está em condições de interagir de forma adequada e afaste-se.** Se você não consegue administrar suas emoções, vai ser difícil orientar seu filho para ele próprio fazer isso, não é mesmo?

Quando não for possível se afastar, nem adiar a reprimenda, procure pensar antes de agir impulsivamente. Lembre-se de que é justamente uma das habilidades que você quer ajudar seu filho a desenvolver e de que você é um importante modelo para ele!

Também é preciso saber equilibrar a necessidade de um ambiente sempre organizado e disciplinado com a necessidade de curtir seu filho de forma mais descontraída, relaxada. Há certo ponto em que você tem que deixar os deveres escolares de lado e simplesmente sair para se divertir com seu filho, deixando-o brincar de forma mais livre. ■

Por que ele nunca aprende, mesmo com castigo?

> **Lembre-se: punição (castigo) por si só não tem grandes chances de modificar comportamentos!**

VOCÊ JÁ FALOU AO CELULAR ENQUANTO ESTAVA DIRIGINDO, mesmo sabendo que isso é proibido e perigoso? E quando viu um guarda de trânsito, o que você fez? Desligou ou escondeu o celular, não foi? E depois que o guarda estava distante, voltou a falar no celular, não é mesmo? Esse é um exemplo simples de uma regra importante: **a punição só funciona quando o agente que pune está presente.** Na sua ausência, o comportamento desejado não se mantém. **Portanto, adianta pouco punir isoladamente para mudar um comportamento.**

Os portadores do TDAH vão necessitar monitoramento frequente dos pais durante boa parte da infância e da adolescência, para que se adaptem aos limites que a vida em sociedade impõe. Se você mora no meio do mato, isolado de todos, tudo bem. Caso contrário, lembre-se de que seu filho terá que viver de acordo com regras. Em função de suas dificuldades de atenção, da impulsividade e da hiperatividade, ele estará sempre "extrapolando os limites" e sempre sendo punido por infringir regras.

A tendência tanto dos pais quanto dos professores é advertir, irritar-se com eles e castigar. Os colegas também podem ir se afastando porque ele não espera a vez nos jogos, se intromete nos assuntos dos outros, atrapalha a aula o tempo todo, entre outros comportamentos incômodos. O sistema educacional tradicional penaliza quem tem TDAH, pois exige que os alunos permaneçam quietos, que sempre sigam todas as regras, que mantenham a atenção por horas seguidas e que sejam avaliados por provas monótonas e sem permissão para interrupções. Sem falar nas matérias chatíssimas e coisas um tanto sem sentido que ainda nos ensinam nas escolas. O resultado disso são advertências constantes e notas baixas, mesmo quando o aluno se esforçou e tentou estudar.

A maioria das pessoas que convive com o portador do TDAH, incluindo pais e professores, tende a confundir **incapacidade de fazer o correto com falta de desejo de fazer o correto**. Procure ter como medida de avaliação o quanto ele se esforçou para fazer alguma coisa e não o resultado.

Ter TDAH significa ter sempre que se desculpar por ter quebrado ou mexido em algo que não deveria, por fazer comentários fora de hora, por não ter sido suficientemente organizado, por "esquecer" coisas, por perder objetos importantes. Significa estar sempre nervoso pela nota, ter que abrir mão do tempo de lazer para concluir tarefas escolares – nada consegue ser terminado no tempo previamente planejado, que chateação! –, e dizer coisas das quais depois se arrepende. Ou seja, significa ser responsabilizado por coisas sobre as quais, na verdade, se tem pouco controle! Torna-se inevitável a sensação de que se é um sujeito meio inadequado.

Quando o TDAH se manifesta na apresentação com predomínio de desatenção, sua detecção pode ser mais difícil e essas crianças podem ser encaradas por pais e professores apenas como indolentes, preguiçosas, burras ou "limitadas". Elas mesmas podem começar a se perceber dessa forma. Afinal, assistem às mesmas aulas que as demais, mas são mais lentas para fazer as tarefas, requerem aulas particulares, horas extras de estudo e, ainda assim, tiram notas baixas! Isso gera o sentimento de que não importa o quanto se esforcem, estão predestinadas a falhar. Isso provoca baixa autoestima, desinteresse pelos estudos e ansiedade.

Assim, em vez de criticar seu filho por aquilo que ele não consegue fazer, é melhor elogiá-lo no momento em que ele consegue fazer as coisas de forma adequada, mesmo que sejam poucas. Em vez de ressaltar suas falhas, você deve evidenciar o que ele tem de bom, seus progressos e a capacidade que tem de melhorar quando se empenha. Em vez de criticá-lo quando ele se intromete em sua conversa, elogie quando ele consegue esperar que você termine. Os elogios sempre ajudam a promover a autoestima, enquanto as críticas e os castigos geram frustração e sentimento de inadequação. **Inúmeras pesquisas mostram que quando se começa a elogiar determinado comportamento adequado nas pessoas, mesmo sem criticar um outro comportamento inadequado simultâneo, ele tende a aumentar com o passar do tempo e o inadequado tende a diminuir**.

Pense em como seu filho se sente por não atender às suas expectativas e não exija dele mais do que ele pode dar. Lembre-se: ele faria melhor se pudesse. ■

Quais outros problemas no relacionamento social e familiar podem ocorrer?

O TDAH PODE SE ASSOCIAR a dificuldades na manutenção de amizades, segundo vários estudos, como mencionado anteriormente. Crianças podem entrar nas brincadeiras sem pedir permissão e não seguir regras já estabelecidas, gerando rejeição dos outros. Não prestar atenção ao que o outro está falando também é algo que compromete os relacionamentos; isso é muito observado em adultos com TDAH. Além disso, não é raro que os professores acabem punindo toda uma turma por conta da "bagunça" que um único aluno iniciou. E lembre-se de que a escola é o principal ambiente social da criança e do adolescente.

Para iniciar e manter uma conversa, também temos que respeitar certo "jogo". É preciso estar atento e "perceber" se o outro está gostando do que se está falando, se aquele assunto é apropriado para a ocasião, se devemos prosseguir ou interromper determinado tópico etc. Temos que respeitar a chamada "troca de turnos". Com muita frequência, os indivíduos portadores do TDAH interrompem os outros, trocam o assunto da conversação continuamente e prestam pouca ou nenhuma atenção ao que os outros falam – "ele não presta atenção no que falo" ou "já falei várias vezes isso para ele" –, o que, além de ser percebido como inadequado, muitas vezes faz que a outra pessoa acredite que sua conversa não está sendo nada interessante, afinal, "se ele desse importância, lembraria".

A hiperatividade característica do transtorno faz com que os portadores de TDAH façam barulho, espalhem seu material escolar, falem muito durante a aula, importunando os outros, e não consigam permanecer sentados por muito tempo. Esses comportamentos atrapalham a aula e provocam irritação nos colegas e professores, que muitas vezes os interpretam como "má-criação", baderna ou problemas de personalidade. Portanto, os castigos são frequentes. A criança sente-se incompreendida, frustrada e pode tornar-se agressiva, complicando ainda mais as coisas.

Os pais de crianças com TDAH podem sentir-se "desgastados" com a frequente necessidade de monitorar o comportamento de seus filhos. Muitas vezes esse desgaste faz com que os pais demonstrem frustração, irritação e julgamentos tendenciosos em relação ao filho. Discussões familiares, agressões e ressentimentos acabam virando situações comuns.

A impulsividade e a desatenção fazem com que as pessoas com TDAH muitas vezes sejam precipitadas em suas avaliações por não analisar todos os fatos antes de expor seus pontos de vista, sendo, eventualmente, injustas e gerando ressentimentos por parte dos demais.

Por fim, portadores do TDAH mudam de planos constantemente, muitas vezes sem prévia consulta aos outros, mesmo quando eles estejam envolvidos, o que gera a impressão de que estão sempre insatisfeitos e de que a opinião dos demais não é importante. ∎

É possível "administrar" a impulsividade?

62

OS PORTADORES DE TDAH, em geral, tem pouca capacidade de "monitorar" o próprio comportamento, o que faz que avaliem as consequências de seus atos somente depois que já fizeram tudo. Quem é portador do TDAH, em geral, não tem sinal amarelo. É muito importante aprender a parar, olhar, ouvir e pensar antes de responder. Só que isso tem que ser treinado, treinado, treinado, treinado. **Os pais podem treinar as crianças a "pensar alto", ou seja, conversar consigo mesmas**. Para isso, devem começar a debater entre todos os principais problemas que surgem. Isso, em geral, diminui a impulsividade. Trata-se de um procedimento simples, fácil de ser feito, mas que só tem eficiência quando repetido muitas vezes ao longo do tempo. **A ideia básica é estimular que a criança pense nas alternativas e nas consequências de cada alternativa, além de evidenciar o "impacto" que nossas decisões têm nos outros.**

Isso é chamado de *Técnica de Resolução de Conflitos,* na qual os participantes são encorajados a:

⊚ Identificar qual é o problema em questão.

- Traçar um objetivo principal (resolver o problema ou contorná-lo).
- Criar várias propostas possíveis para se atingir o objetivo.
- Prever possíveis consequências para cada proposta imaginada.
- Escolher a melhor de todas as propostas e executá-la.
- Avaliar os resultados.

Exemplo: Discuta tranquilamente com todos durante a refeição, na frente da criança, sempre que possível, um problema que está sendo enfrentado. Por exemplo: "Não estamos satisfeitos com a nossa empregada. Se nós a demitirmos agora, por causa daquilo que ela fez de errado e nos chateou muito, vai acontecer A e B, se conversarmos com ela sobre como estamos nos sentindo e não a demitirmos, poderá acontecer C e D". "Mas será que conversar com ela adianta? Já fizemos isso antes?". E pergunte, então, a cada um dos demais: "O que você acha?"; "Vale a pena conversar com ela e dar mais uma chance? Como podemos saber se no caso dela vai adiantar ou não?"; "Por que será que ela fez aquilo?".

Outro exemplo: "Se nós comprarmos o carro agora, não teremos dinheiro para viajar nas férias"; "Vocês acham que o nosso carro está muito ruim?"; "É melhor esperar mais um pouco e ficar com este carro mesmo, ou devemos trocar?"; "E as férias, como ficam?"; "Como vocês vão se sentir com um carro novo, mas sem férias?"; "E com um carro velho, que volta e meia tem problemas, mas tendo férias no final do ano?".

Mais um exemplo: "Este nosso vizinho ouve música muito alto", "Não dá para relaxar, ver TV direito"; "O que deveríamos

fazer?"; "Já falei com ele mais de uma vez e não adiantou nada!";
"Falo de novo?"; "Reclamo com o síndico?"; "Chamo ele para
uma conversa séria?". Pergunte a cada um da mesa as opções
possíveis e discuta as consequências de cada uma delas.

Os pais devem, sempre que possível, exercitar esse tipo de discussão com a criança, perguntando a sua opinião e ensinando-a a lidar com as situações de forma organizada.

Quando a criança se acostumar a esse tipo de debate, os pais devem gradualmente ir incentivando que ela traga seus próprios problemas (na escola, por exemplo). **Para isso, antes de dar as suas sugestões de soluções alternativas e indicar as consequências, pergunte sempre quais são as ideias dela. Discuta sempre cada uma das opções e procure pensar no maior número de opções possíveis.**

Os pais devem estar preparados para fornecer recompensas **imediatas** para uma situação em que tenha ocorrido claramente um controle de impulsividade (mesmo que não seja 100%): deve haver elogio quanto à capacidade de pensar várias soluções possíveis para o problema antes de se agir.

Lembre-se desta regra importante: **no longo prazo, o reforço com elogios para comportamentos positivos é sempre mais eficiente que a punição.** ■

Como ajudar nas dificuldades de relacionamento?

AS DIFICULDADES DE RELACIONAMENTO, quando significativas, necessitam ser abordadas por um psicoterapeuta. Os pais sozinhos teriam muita dificuldade nesta área, principalmente quando já se passaram muitos anos de situação caótica dentro de casa ou os próprios pais têm TDAH, associado ou não a outros problemas. Entretanto, sabendo os princípios gerais que serão esclarecidos pelo terapeuta, os pais estarão mais capacitados para ajudar.

Um modo de reduzir as dificuldades de relacionamento é por meio do *Treino em Habilidades Sociais.* Esse tipo de programa cobre várias áreas, como, por exemplo, técnicas de entrosamento social, de conversação, de resolução de conflitos e de controle da raiva. Apenas os psicoterapeutas da linha cognitivo-comportamental dominam esse tipo de técnica.

O primeiro passo é a identificação, com a criança, daquelas habilidades que estão deficientes. Por incrível que pareça, demonstrá-las claramente para ela e conversar sobre essas deficiências tem um grande impacto no comportamento. Em geral, quem é portador do TDAH tem uma auto-observação deficitária, especialmente crianças. Coisas do tipo: "mas esse TDAH é fogo, não é? Viu como ele fez que você acabasse brigando e perdendo a amizade do fulano naquele dia?" podem ter efeito muito satisfatório. A ênfase não deve ser "**você** é desse jeito, mesmo", "**você** tem problemas de comportamento", mas sim "esse **TDAH** atrapalha você", "o **TDAH** é um saco, às vezes".

Com o passar do tempo, a ideia de que "eu tenho TDAH, tenho tendência a fazer certo tipo de coisas" começa a se cristalizar. A partir desse ponto, fica mais fácil ele ter consciência de que precisa "administrar" sintomas que por vontade própria não conseguiria **eliminar**, mas sim **gerenciar**. Na verdade, qualquer psicoterapia ajuda o indivíduo a reconhecer a administrar melhor suas características pessoais, quaisquer que sejam.

Em seguida, são discutidos exemplos de comportamentos mais adequados – cujo resultado é o mais satisfatório – para cada situação e suas consequências. Para treinar os comportamentos é utilizada a técnica de representação de papéis (*role play*, em inglês), uma espécie de teatro, em que o terapeuta e a criança representam diferentes situações. O terapeuta vai mostrando como cada aspecto do TDAH ocorre nas situações do cotidiano, discutindo as possíveis consequências e propondo comportamentos alternativos. É possível criar inúmeras situações interessantes, discutir sobre o *script* e o desfecho de cada uma delas. Alguns exemplos são: fulano pegou meu caderno e escondeu porque gosta de implicar comigo e sabe que eu vou revidar; acharam que fui eu quem fez aquilo só porque eu tenho fama; meu pai brigou com minha mãe e eu que "paguei o pato"; quebrei o vaso de estimação da minha tia, mas foi sem querer, falei coisas que não devia e estou arrependido, mas não sei o que fazer agora etc. Aqui, em geral, os psicoterapeutas usam a *Técnica de Resolução de Conflitos*.

O treinamento tem melhores resultados quando há um envolvimento de pais e professores, utilizando sempre que possível exemplos reais. Existem situações-chave que são frequentemente utilizadas, normalmente envolvendo o relacionamento com os colegas, os professores e os pais, que representam os momentos em que o TDAH mais prejudica a criança ou o adolescente. As situações podem ir se tornando cada vez mais complexas, embora o "método" a ser utilizado seja sempre o mesmo – o importante é reforçar a sua utilização sempre. Pode-se iniciar com algo simples, como negociar os estudos com a mãe no dia em que a TV vai apresentar um desenho muito especial, até a situação de ser acusado injustamente pela professora de algo que não fez. ■

A falta de memória tem solução?

A MEMÓRIA, EM GERAL, NÃO É MUITO BOA para quem tem TDAH, mas isso não é uma regra. Isso é considerado como algo secundário à desatenção, não sendo um déficit primário de memória.

Se ele já tiver idade suficiente, utilize a agenda eletrônica dos telefones celulares, mas apenas para coisas muito específicas, como se lembrar de tomar o medicamento na hora do recreio ou de telefonar quando chegar à casa do amigo. O uso de agendas de papel raramente funciona, porque a criança ou o adolescente vai se esquecer de anotar, ou então se esquecer de consultar. Agendas de papel devem ser raramente utilizadas; em geral, apenas para a comunicação entre os professores e os pais, por exemplo, mas isso pode ser substituído por mensagens eletrônicas.

Se o computador é muito usado, algo comum hoje em dia, em qualquer faixa etária, peça para que o calendário seja a página inicial. Ali estarão todos os compromissos e tarefas que devem ser feitos. A maioria dos telefones celulares pode ser sincronizada com esses calendários e, assim, as crianças e adolescentes "levam" consigo o calendário o tempo todo. Isso é particularmente importante quando se usam os alarmes que tocam para lembrar de compromissos ou obrigações. Quando não há computadores, pode-se fazer um mural de tamanho médio, em frente à mesa ou escrivaninha, no qual se desenha o calendário do mês. Uma recomendação comum é o uso de um quadro-branco que permite que se escreva e apague depois, usando canetas hidrográficas especiais.

Com relação a perder coisas, a tática mais eficaz é criar o "local" onde tudo é deixado quando se chega da escola. ■

O uso de agendas de papel raramente funciona, porque a criança ou o adolescente vai se esquecer de anotar, ou então se esquecer de consultar.

Qual a comunicação mais eficaz para quem tem TDAH?

FALE SEMPRE DE MODO CLARO E OBJETIVO. Evite explicações longas e detalhamento excessivo. Diga exatamente o que você quer ou o que espera da criança ou do adolescente. Em vez de dizer: "aonde você acha que vai chegar deste jeito?", diga: "se você fizer x de novo, vai acontecer y". Em vez de dizer: "deste jeito, você está levando os seus pais à loucura", diga: "toda vez que você faz a e b, eu me sinto muito chateada". Em vez de: "quantas vezes eu preciso repetir que isto não se faz?", experimente: "você sabia que x era errado e fez de novo e, por isso, vai ficar sem y, como combinamos antes".

Outro exemplo de frase que deve ser evitada, por ser longa e pouco objetiva: "como você acha que eu me sinto toda vez que sou chamado(a) na escola e a professora me faz um monte de críticas a seu respeito?".

Outra coisa: **fale olhando para ele**. Olhos nos olhos! Ele pode simplesmente não estar "captando" tudo o que está sendo falado. **Use frases curtas e simples.** ◼

Como lidar com o eterno drama dos estudos em casa?

NÃO É INCOMUM A SITUAÇÃO DE PAIS, que não se dedicaram aos estudos com afinco, quererem que seus filhos sejam estudiosos porque hoje sabem da importância do estudo. É o eterno problema: pais querendo que seus filhos sejam aquilo que eles próprios não foram. Os adolescentes, com ou sem TDAH, vão saber que os pais não foram dedicados durante suas vidas acadêmicas, por meio das histórias contadas pelos familiares ou por eles próprios. E não conseguem se dar conta de nenhuma consequência grave por conta disso; mais ainda, pais são pessoas queridas e frequentemente nossos exemplos. **É difícil enxergar** "defeitos" em nossos pais, especialmente quando se é criança. É frequente também que pais estimulem a ler, estudar, mas quase nunca eles mesmos estudam alguma coisa (o que quer que seja) ou leem um livro dentro de casa. Fica um tanto difícil, não é?

Por vezes, pais que não tiveram oportunidade de estudar em boas escolas sentem-se frustrados quando veem que seus filhos não se dedicam muito, nem "aproveitam" quando a situação econômica se torna mais favorável e é possível estudar numa escola melhor.

O caso de uma das melhores escolas de São Paulo é bastante esclarecedor. Alunos da favela próxima à escola foram matriculados e recebiam toda a educação gratuitamente, da primeira à última série. Os professores e o material escolar eram os mesmos para os alunos pagantes e para os bolsistas. Entretanto, repetidamente os alunos bolsistas não conseguiam os mesmos índices de aprovação no vestibular. Se tudo dentro da escola era igual, o que justificava a diferença? Resposta: os pais. Não havia um ambiente doméstico que estimulasse os estudos. Provavelmente, não se falava da importância enorme daquela oportunidade, não se estimulava o hábito de estudar e ninguém estudava também dentro de casa. Qual a solução proposta pela escola? Convidar os pais a também estudarem, em cursos para adultos! Acredito que esse exemplo é um dos mais impressionantes que conheço sobre pedagogia.

Portanto, não adianta se enganar: seu filho terá um comportamento parecido com o que vê diariamente em casa desde pequeno. Seja sincero: quando foi a última vez que seu filho viu você lendo um livro dentro de casa? Quantos livros você lê por mês? Não se engane: de nada adianta falar sobre a importância de se estudar, de ler, se você próprio não dá o exemplo.

Um outro problema, este de resolução muito difícil, é o progressivo desinteresse das crianças e adolescentes pelos métodos tradicionais de ensino ainda presentes na grande maioria das escolas. ∎

Por onde começar em relação à escola?

OS PAIS PRECISAM SER UM TANTO CRIATIVOS na forma como resolvem os problemas e na forma como exigem as modificações do comportamento de seus filhos.

É importante organizar as coisas de modo a ter certeza de que a criança vai ter uma boa chance de conseguir realizar o que está sendo exigido dela. Como foi dito anteriormente, comece com coisas mais simples e somente depois passe para as mais difíceis e complexas.

> **Exemplo**: Se ele esquece os recados que a professora manda, ou o que deve fazer como tarefa de casa, combine com ele de utilizarem um método específico para comunicação (agenda, WhatsApp, SMS, e-mail etc.). Com o tempo, podemos solicitar que ele indique quando há novos recados, mas verificando com frequência para avaliarmos o quanto está sendo lembrado. Tanto os pais quanto os professores devem acompanhar o uso do método escolhido – caso não esteja funcionando, devem pensar em outra opção. ■

CAPÍTULO 5

Como deve ser o ambiente de estudo em casa? 68

O AMBIENTE DEVE SER O MAIS SILENCIOSO POSSÍVEL, com o mínimo de coisas que levem à distração (pôsteres ou quadros bem em frente à escrivaninha, brinquedos por perto etc.). O ideal é posicionar a escrivaninha longe da janela.

Lembre-se de que existem os chamados **distratores internos** – pensamentos que vão sendo gerados e que os portadores de TDAH não conseguem "inibir" de modo satisfatório. No caso de adultos que têm vida acadêmica, os sintomas são idênticos e as providências a serem tomadas são as mesmas.

Marcos* era estudante de Direito e, apesar de ser considerado inteligente, era extremamente distraído. Sabia ser portador de TDAH havia apenas alguns anos, e queria iniciar o tratamento em parte porque não conseguia mais ler coisa alguma sem que tivesse que "voltar" várias vezes para ler a mesma coisa, ou que lesse sem "fixar" nada, o que denominamos de leitura

---
* Nome fictício.

> automática. Além disso, quando começava a ler, imediatamente pensava em coisas que nada tinham a ver com o assunto da leitura. Por mais que se esforçasse, não conseguia manter-se no texto.

Não é raro que portadores de TDAH digam que preferem estudar de noite ou mesmo de madrugada, quando o silêncio é bem maior. Alguns adultos dizem que não conseguem estudar em casa e, por isso, vão para bibliotecas. Para os distratores internos ou externos, a medicação tem geralmente efeito muito satisfatório.

No caso de crianças e adolescentes, envolva-os nas decisões sobre o dever, discuta com eles de que forma as coisas serão mais fáceis para eles. **É comum que os pais queiram basear o método de estudo nas regras comuns que a maioria das pessoas utiliza ou ainda no método que eles próprios estudaram, o que pode ser um erro.**

Como você já deve ter percebido, as negociações prévias, nunca durante brigas ou imediatamente após um comportamento inadequado, são partes fundamentais do tratamento do TDAH.

- **Respeitar a opinião da criança acerca dos horários e do local que ela considera ideais aumenta sua aliança.** Se ela inicialmente fizer escolhas erradas, tente inicialmente conversar sobre elas, diga sua opinião, mas não a impeça de tentar! Mostre posteriormente que a proposta inicial não foi bem-sucedida e faça novo acordo: isso é um excelente aprendizado para quem é portador de TDAH!

- **Se seu filho afirma veementemente que faz as tarefas de forma mais fácil sentado em cima da mesa ou em pé,**

diga que você concordará com ele, mesmo que os outros digam que você está ficando maluco; desde que se faça uma experiência comprovando aquilo que ele diz. Faça períodos de um jeito e depois de outro e verifique em qual deles houve maior rendimento. É claro, você pode também se surpreender com algumas coisas.

- **No caso de crianças, alterne as tarefas que ela gosta "menos" com aquelas de que ela gosta "mais" dentro de um mesmo dia e não em dias diferentes da semana.** Por exemplo: "Estudo, após o almoço, até às 15h; TV, das 15h até as 17h". Tornar o estudo o mais prazeroso possível pode ser algo difícil, mas também não é impossível.

- **Respeite os limites de concentração da criança.** Se ela produz mais quando você permite vários intervalos entre períodos de apenas 10 minutos de estudo (em vez de estudar 1 hora inteira), os deveres devem ser organizados desse jeito. Evite fazer seu filho estudar por mais tempo do que ele consegue! Ele vai acabar detestando estudar.

- **Se o dever de casa envolve completar um projeto (por exemplo, ler um livro aos poucos), deve ser dividido em etapas que possam ser monitoradas.** Pode-se fazer um planejamento do tipo: hoje leremos os capítulos 1 e 2, amanhã 3 e 4, e assim por diante. Ajudar a planejar coisas é imprescindível para quem tem filho com TDAH! Procure fazer isso o tempo todo, não somente com os estudos, mas também com o dinheiro da mesada, os planos para as férias etc.

- **O estudo não deve competir com outras atividades prazerosas** (estudar na hora do programa favorito de TV, nem pensar). Assim, faça com a criança um **planejamento de estudo, que deve ser preferencialmente semanal e**

não mensal, para ser reavaliado e modificado com mais frequência. Esse planejamento deverá estabelecer quanto tempo será dedicado ao estudo, deixando tempo para o lazer. Neste momento, podemos aproveitar para treinar a criança a escolher as prioridades e dividir seu tempo de forma equilibrada. **Treinar repetidamente, ao longo dos anos, o filho com TDAH a reavaliar e modificar um plano inicial é provavelmente uma das coisas mais importantes que os pais podem fazer.**

⊚ **O programa de estudos deve ser colocado em local visível** para que fique claro o que é esperado dele. Como ele tem problemas de atenção e memória, vai dizer que "não foi bem isso que nós combinamos". Também existe a hipótese de o próprio pai ter TDAH, aí a situação fica mais enrolada ainda. Deve-se usar um quadro de avisos ou um mural.

Com frequência, você terá que lembrá-lo do que foi combinado, mas atenção: uma vez feito o planejamento prévio, não se deve discuti-lo mais antes do prazo final, já que foi estabelecido com o consentimento dele. Evite o troca-troca de planos, pois esse pode ser um dos piores sintomas do transtorno. Fuja dele! **Um planejamento só pode ser modificado e nunca trocado por outro completamente diferente** depois de ter sido alcançado o ponto previamente combinado para avaliação dos resultados e, mesmo assim, com motivos muito bem explicitados. Lembre-se de que crianças com TDAH vivem trocando de planos. Adultos, então, podem ter esse sintoma tão exacerbado que têm enormes dificuldades nas vidas familiar e profissional.

Combinações têm que ser cumpridas e isso vale para qualquer coisa, mesmo as mínimas. Não se pode "voltar atrás" em ordens. Se você voltou atrás, é porque a ordem era inadequada ou então seu filho sabe que suas ordens não são muito sérias.

Ordens e combinações que não são cumpridas têm que se associar a alguma consequência negativa imediata (nunca retardar a consequência, ela deve sempre seguir o comportamento inadequado). Se você tem que repetir uma ordem mais de uma vez para o seu filho, algo está errado: ou você não sabe dar uma ordem corretamente, por exemplo, falando diretamente com ele olhando-o de frente; ou ele já sabe que nada acontece se não obedecer da primeira vez.

Ricardo* era uma criança de 6 anos e estava no consultório pela primeira vez com os pais para uma consulta. Em pouco menos de 10 minutos, eu mesmo estava começando a ficar irritado... com os pais! Seu pai insistia em olhar sério para ele, porém dizendo com voz suave: "Nós não combinamos em casa que você ia ficar quieto?", inúmeras vezes seguidas – se alguém tem que repetir dez vezes algo, o problema está em quem repete, obviamente! A mãe conversava comigo como se o filho não estivesse quase destruindo minha sala e, por vezes, tinha um comportamento que contradizia o do pai. Este queria tratar o filho como se ele fosse adulto, "conversando" sobre seu comportamento. Numa das dezenas de vezes que ele se levantou (e o pai ia atrás), pegou um livro grande da minha estante e o pai ordenou que pusesse de volta.

Ele não obedeceu e o pai "conversou" com ele sobre **como as pessoas devem se comportar com as coisas dos outros**. O pai parecia não ter a mínima ideia de quanto era absurdo falar

---

* Nome fictício.

daquele modo com uma criança de apenas 6 anos, ainda mais com TDAH, incapaz de ater-se a qualquer conversa que durasse mais que poucos segundos. Não sei se ele achava **bacana** ou **moderno** tratar seu filho desse modo.

Para piorar, como o menino não obedecia e continuava a pegar o livro da estante, ele disse: "Tudo bem, então fica com o livro sentadinho ali". Achei que era o momento certo de intervir: "O senhor não pode fazer isso em hipótese nenhuma! Não estou preocupado com o livro; o máximo que pode acontecer é ele rasgá-lo e o senhor me comprar um novo. A minha preocupação é com esse comportamento lá fora, na vida real. O senhor acabou de ensinar a ele a seguinte lição, na minha frente: se insistir bastante, você acaba conseguindo quebrar uma regra e fazer o que quiser".

Expliquei que **a criação** que eles deram ao menino não era a causa do problema, mas os sintomas poderiam estar se agravando porque estavam agindo de modo errado. Em primeiro lugar, ordens não podem ser modificadas porque a outra pessoa simplesmente não obedeceu: se não podia pegar o livro, não poderiam ter cedido. Ou podia pegar, ou não podia. Ou a regra era para ser obedecida ou não era. Isso deveria ocorrer em casa o tempo todo. "Imagine o que vai acontecer quando ele for grande e viver em sociedade, sem obedecer a ordens ou regras", eu disse. Continuei: "Em segundo lugar, quem foi que disse que **conversando** nós resolveríamos o problema? Se isso funcionasse, vocês não estariam aqui, não é mesmo? Não dá para ver que não funciona? Que tal pensarmos em outra coisa?".

E aí apelei para o golpe baixo, de grande eficácia com as mães: "O que vocês acham que vai acontecer com ele quando não for mais criança e as coisas continuarem desse jeito? Ou começamos a educá-lo para enfrentar a vida no futuro, ou ele vai sofrer consequências por causa desse tipo de comportamento". ■

Como premiar?

VOCÊ PODE ASSOCIAR O SUCESSO na execução de um plano de estudos a diversos tipos de prêmios (passeios, jogos, tempo extra com você etc.). **No início, você deve premiá-lo com mais frequência. À medida que ele for melhorando, você poderá exigir mais por cada prêmio.**

Tem muita gente que implica com essa história de prêmios, pelos motivos mais variados, alguns até estranhíssimos e complicadíssimos, que não vamos abordar aqui. Não se trata de "comprar" ninguém. Acontece que a vida é exatamente assim. Se você é um bom funcionário, não falta e se dedica ao trabalho, tem grandes chances de ser promovido, ganhar um aumento ou até ser convidado para outro emprego melhor. O mesmo vale para a forma como você trata sua namorada ou seu vizinho.

É importante se lembrar do que foi dito anteriormente: **o prêmio é pelo esforço, mesmo que se atinja um resultado parcial. Resultados parciais são muito importantes e devem ser premiados.** Isso é ainda mais importante se ele tiver outro problema em comorbidade com o TDAH, como *dislexia*, por exemplo, que atrapalhe o seu rendimento acadêmico.

Lembro-me da ocasião quando meu professor de artes

marciais me colocou para lutar com um sujeito muito mais forte e ainda por cima faixa preta (eu era faixa laranja). Fui prontamente reclamar: "Mas não vou conseguir derrubar aquele sujeito... não vou conseguir ganhar dele de jeito nenhum, nunca!". E o professor: "Você vai passar de faixa e ser promovido pela forma como você enfrentou um adversário muito mais forte e experiente que você". Ou seja, na vida teremos incontáveis situações em que só nos é possível chegar a um resultado específico dentro das nossas limitações, ou das limitações do momento. ■

É possível estimular alguém que não quer estudar?

COMO FOI DITO ANTERIORMENTE, os filhos não serão bons alunos nem se dedicarão aos estudos somente porque os pais assim o querem. Mais adiante, será abordada a questão da motivação, algo imprescindível para o aprendizado.

Pais precisam ocupar-se de algo extremamente importante na educação de seus filhos: o desenvolvimento de valores. Existem os valores chamados **extrínsecos**, como o sucesso financeiro, beleza e fama. Já os valores **intrínsecos** são o desenvolvimento pessoal e a autoaceitação, o sentimento de afiliação – pertencer a um grupo – e o sentido de comunidade, o bem comum. Os valores extrínsecos muito facilmente se associam a sensação de mal-estar, fracasso e emoções negativas em geral, uma vez que sempre haverá um "critério ideal" a ser atingido. Obviamente, nenhum "critério ideal" pode ser facilmente atingido ou mesmo alcançado por um número grande de pessoas, porque ele deixa de ser ideal e passa a ser algo comum, corriqueiro. Portanto, está embutida no conceito de **ideal de beleza, fama ou riqueza** a ideia de que a maioria de nós não o atingirá.

Muitos pais se veem às voltas com uma situação comum, principalmente com adolescentes: uma grande angústia para ter um determinado bem de consumo (um tênis específico, uma bolsa etc.) que parece ser a principal preocupação do filho ou filha. Logo em seguida, é claro, isso será substituído por outra coisa, também idealizada. Embora todos nós estejamos vivendo num mundo que estimula o tempo todo esse tipo de coisa, é preciso primeiro avaliar se os próprios pais não fazem o mesmo em casa, servindo de exemplo para os filhos. No caso dos estudos, **estimular valores extrínsecos não é uma boa ideia**. Ainda mais porque existem inúmeros exemplos, que são frequentemente ídolos de jovens, que obtiveram sucesso sem necessariamente ter uma vida acadêmica satisfatória.

Para estimular a vontade de estudar, os pais devem sempre:

- **Evitar ficar "explicando" o tempo todo as consequências de se estudar ou não**, embora isso deva ser abordado de uma outra forma, principalmente com crianças menores. Em vez disso, devem criar o hábito de ler e estudar juntos.

- **Despertar o interesse e a curiosidade para o estudo.** Devem pesquisar na internet assuntos de interesse para a família, como por exemplo: o destino de uma viagem próxima ou até mesmo uma doença de alguém famoso. Ler livros e frequentar livrarias para conhecer novos livros para serem comprados é uma boa ideia.

- **Tentar correlacionar o conteúdo escolar com as próprias metas e interesses da criança ou adolescente.** Comprar livros e filmes sobre assuntos dos quais ele gosta mesmo que não estejam relacionados aos conteúdos escolares. Lembre-se de que muito frequentemente as crianças não veem o motivo de estudar um determinado assunto e, para ser sincero, eu também não o vejo em muitos casos. Dependendo da idade, você pode explicar que além de exercitar nosso corpo com atividade física, precisamos exercitar o nosso cérebro e que isso pode ser feito de várias maneiras, sendo o estudo a melhor delas. Se formos ler somente aquilo que nos interessa, o esforço será sempre pequeno, afinal alguém precisa de estímulo para ler sobre um assunto do seu próprio interesse? E, para piorar, não vamos sequer saber se existem outros assuntos que poderiam nos interessar tanto ou até mais. Quanto mais coisas diferentes nós conhecemos, maior o potencial do nosso cérebro. Muitas descobertas importantes foram feitas por indivíduos que fizeram associações entre coisas até então impensadas ou resolveram investigar coisas negligenciadas pelos outros.

- ◉ **Muitas crianças precisam de ajuda para estudar.** Elas é que devem escolher quem vai ajudar, se será um dos pais ou um profissional (explicador, professor particular). Aquele que for responsável por estudar com a criança não deverá motivá-la a prestar menos atenção na aula contando que terá ajuda individual posteriormente. Ao ajudá-la, não devemos dar tudo "mastigadinho". O responsável deve corrigir as tarefas, ajudar e orientar, mas não sem esforço por parte dela. **A criança deve se esforçar antes e ser ajudada depois, nessa ordem.**

- ◉ **Uma dica importante: não fique cronometrando o tempo das tarefas na frente da criança, pois isso aumenta a impulsividade.** Se o intervalo estabelecido foi de aproximadamente 10 minutos, explique que você avisará quando o tempo terminar ou deixe um relógio silencioso por perto, mas não na frente dela. **Obviamente, jamais engane o seu filho**, pois ele precisa confiar nas pessoas que admira, ama e tem como modelos. Explique que ele não deve tentar **fazer o mais rápido possível para acabar a tarefa logo**. O tempo deve ser calculado com ele, com base na complexidade e tamanho da atividade. **Sempre planeje com antecedência o que será feito e o tempo necessário para isso.** ■

CAPÍTULO 5

Existem dicas especiais para o horário dos deveres de casa?

OS DEVERES DE CASA ainda servem como meio de reforçar o que foi ensinado na aula, como oportunidade de treino e de identificação daquilo que não foi entendido direito. Entretanto, existe uma tendência atual a se inverter o método tradicional de ensino: em muitas escolas, os "deveres" são feitos em sala de aula e em casa os alunos fazem atividades de pesquisa, por sua conta.

Enfatizar excessivamente o dever de casa pode ser muito prejudicial. O aluno com TDAH já se esforçou muito ao longo do dia. Lembre-se de que ele tem que se esforçar para manter a atenção e permanecer sentado, quieto e, quando chega em casa, ainda tem que lidar com deveres, que vão exigir exatamente a mesma coisa dele: atenção e controle do comportamento. Consequentemente, é comum os pais relatarem verdadeiras "guerras" para fazer os filhos estudarem.

Crie um ambiente agradável, simpático e eventualmente divertido quando chegar a hora de estudar. Aprender coisas novas faz parte da vida o tempo todo. O horário de estudo não pode se transformar em algo muito diferente do restante do dia – "Pronto! Chegou a hora de estudar". Se os pais não têm nenhum hábito de leitura dentro de casa, é muito difícil convencer a criança de que aquilo "vai ser muito importante para o futuro" ou é "uma coisa legal".

Uma boa sugestão é: faça um **horário** também para os pais. Esse horário, preferencialmente, deve ser de leitura (o jornal, uma revista, um livro) ou, então, de pesquisas na internet. Eu disse **pesquisa**, nada de mídias sociais! Ou, ainda, tarefas que exijam concentração, como por exemplo: contas do orçamento familiar, lista de compras do supermercado, lista de tarefas a fazer no caso de obras ou reformas na casa, atualização de agendas telefônicas, trabalhos no computador etc. Desligue a TV ou vá para outro cômodo, providencie um ambiente mais tranquilo e organize o **material** que vai usar ou aquilo que vai ler. Você pode pedir a ajuda dele, incluí-lo em algumas tarefas, é uma ótima ideia. Não se esqueça de que você é modelo para o seu filho. ■

Que outras coisas são importantes para motivar o estudo?

72

OS PAIS GOSTAVAM DE ESTUDAR QUANDO MENORES? É sempre possível que eles mesmos não tenham tido o comportamento que agora estão exigindo do filho. **Como foi dito anteriormente, a criança, mais cedo ou mais tarde, percebe que os próprios pais não fizeram aquilo que estão cobrando dela e isso tem um impacto muito grande.** Se esse for o caso, discuta claramente esse assunto e diga como isso afetou você. Crianças menores terão dificuldades para entender o comprometimento que os pais tiveram. Fale das coisas que gostaria de ter aprendido e que não aprendeu, dos cursos que gostaria de ter feito, os caminhos que gostaria de ter trilhado se tivesse conseguido estudar mais.

> **Importante:** isso só vai funcionar se você estiver sendo sincero e seu filho acreditar que você tem interesse real em aprender coisas, mesmo que mais velho. Para isso, é claro, é necessário que ele veja você lendo, pesquisando coisas.

Se, por outro lado, você era estudioso – o que vai aumentar sua angústia em ter um filho que não gosta de estudar–, uma sugestão é: aumente todas as formas de identificação do seu filho com você. Isso pode ser feito com esportes em comum, como: assistir juntos ao futebol na TV, ir ao estádio, comprar revistas e assistir a vídeos sobre um determinado assunto etc.; interesses comuns, como lugares para viajar, animais de estimação, coleções etc.; e muita conversa, inclusive conversa fiada, sobre coisas banais. Tem pai que só conversa com o filho coisas sérias. Quanto mais ele se identificar com você, maiores serão as chances de também passar a gostar mais de estudar. Se ele se sente muito diferente, ou se acredita que todos os seus valores são diferentes, não vai aceitar a ideia do estudo.

Os pais cada dia mais passam menos tempo com os filhos. Quase não se fazem coisas em conjunto, exceto visitar parentes ou ir a festas da família, o que num bom número de vezes é uma chatice. Comprar um apartamento ou uma casa em um condomínio com áreas de lazer "para que as crianças tenham como se divertir" normalmente embute a ideia absurda e comum de não precisar planejar fazer algo com elas no seu tempo livre. Você pode ficar tranquilamente lendo o seu jornal de domingo enquanto elas estão no *playground* ou na área de lazer do condomínio, não é mesmo? Passeie com o seu filho, leve-o ao cinema ou teatro, brinque mais com ele. ∎

Existem meios de melhorar a memorização?

EM PRIMEIRO LUGAR, é importante saber que **a repetição não aumenta a memorização por si só**. Não adianta fazer seu filho repetir uma mesma coisa mil vezes com a esperança de que ele vá se lembrar depois.

Só é possível memorizar coisas:

- **Que tenham lógica**, façam sentido.
- **Que têm algum vínculo** – por menor que seja – com outra coisa já conhecida ou memorizada. Procure sempre vincular aquilo que ele está estudando com algo da vida real ou de seu interesse. Outro tipo de vínculo é o visual: fica mais fácil decorar se cada uma das coisas for vinculada a uma imagem ou desenho. Após estudar História ou Geografia, por exemplo, procure conversar com ele imaginando o que foi lido ou procurando na internet.

Uma vez que haja vínculos, então a repetição aumenta a memorização. Outras dicas:

- **Não se memoriza quando se está cansado.** Não insista.
- **Não se memoriza muita coisa de uma vez só.** O ideal é ir aumentando aos poucos.

⊚ **Use desafios para ver quem memoriza mais, quando não estiver estudando.** Brincadeiras e exercícios de memorizar coisas do cotidiano ajudam muito quando se exige memorização nos estudos. Por exemplo: quem sabe "de cabeça" o caminho para se chegar até a casa da avó? ■

Outro tipo de vínculo é o visual: fica mais fácil decorar se cada uma das coisas for vinculada a uma imagem ou desenho.

Meu filho tira notas ruins porque não estuda!

OU SERÁ QUE É JUSTAMENTE O CONTRÁRIO? Um grande número de supostas "causas" de mau aprendizado normalmente são, na verdade, "consequências".

Imagine que seu filho nasceu com um problema ortopédico. Ele nunca vai conseguir jogar bola tão bem como os colegas dele. Pense que jogar bola é uma coisa corriqueira, comum para todos os meninos. Pense agora que ele é obrigado a jogar bola, quase todos os dias. Sendo "pereba", por conta de seu problema de nascença, ele nunca vai ter prazer em jogar, quase sempre vai ter que se esforçar muito e ter mau desempenho. Para piorar, vai ser continuamente avaliado de maneira negativa por isso. Pergunte-se agora: você acha que ele vai ter vontade de jogar bola?

Será que seu filho não se dá bem na escola porque não estuda ou será que ele não estuda porque, por mais que se esforce, não consegue se dar bem? **Ninguém gosta de fazer, dia após dia, ano após ano, algo que não consegue fazer direito como os demais.**

Muitas crianças com TDAH e com *transtorno de aprendizagem* simplesmente não gostam de escola, não gostam de estudar porque já sabem que têm muita dificuldade e precisam se esforçar muito para ter um desempenho que não vai ser lá grande coisa. Eu ficaria espantado se uma criança assim gostasse de estudar. ◼

Existem dicas gerais?

EXISTEM VÁRIOS LIVROS com diversas dicas diferentes, mas elas devem ser encaradas **apenas como uma ajuda a mais; nunca como substituição ao tratamento**. Não existe "receita de bolo", mas aqui vão algumas delas:

① **Em primeiríssimo lugar, sempre tenha certeza do diagnóstico e segurança de que não há outros diagnósticos associados ao TDAH.** Se ele tiver *dislexia*, por exemplo, deverá ter um tratamento especializado paralelamente ao tratamento do TDAH. Tenha certeza de que o tratamento está sendo feito por um **profissional que realmente entende do assunto**.

② **Procure se informar o máximo possível sobre o TDAH:** leia livros, faça cursos, entre para organizações como a Associação Brasileira do Déficit de Atenção (www.tdah.org.br), faça contato com outros pais para dividir experiências bem e malsucedidas.

③ **A atividade física é considerada algo importante.** Pode ser ginástica, esporte, andar de bicicleta, skate etc. Isso facilita a dedicação a outras atividades que exigem ficar mais tempo parado ou concentrado. A atividade física pode anteceder os estudos. Infelizmente, ela está sendo cada vez mais negligenciada por crianças e adolescentes por conta do tempo gasto na internet.

4 Quem tem TDAH pode descarregar sua bateria muito rapidamente. Se esse for o caso, "recarregue" com mais frequência. Alguns portadores precisam de: um simples cochilo durante o dia, passear com o cachorro, passar o fim de semana fora, ou ainda fazer ginástica ou jogar futebol. Descubra como a bateria do seu filho pode ser recarregada de forma mais eficaz. ■

E as dicas para os adultos?

ALGUMAS DICAS ABAIXO foram sendo listadas a partir de relatos de portadores de TDAH, outras se baseiam no conhecimento acumulado acerca dos problemas relacionados ao transtorno, em diferentes livros sobre o assunto. Algumas podem ser muito eficazes para quase todo mundo, outras podem ser eficazes apenas para algumas pessoas.

1 Procure sempre ter certeza do diagnóstico, dos eventuais diagnósticos associados (comorbidades) e de que o tratamento está sendo feito por alguém que realmente entende do assunto. Por exemplo, é muito comum que o *transtorno de ansiedade generalizada* seja confundido com o TDAH. Se o portador de TDAH também é portador de *transtorno bipolar*, este último deve ser necessariamente muito bem controlado (com medicamentos) **antes** de se iniciar o tratamento do TDAH. Se você está usando drogas ilícitas, pode ser necessária a consulta com especialistas.

2 Procure ter certeza de que está tomando os medicamentos mais apropriados, a dose apropriada e se existe necessidade de psicoterapia. **Eduque-se sobre o que é o TDAH**, lendo livros, fazendo cursos ou até mesmo frequentando grupos de apoio, associe-se a organizações de ajuda a portadores do TDAH, como a Associação Brasileira do Déficit de Atenção (www.tdah.org.br). Dividir experiências bem e malsucedidas pode ser muito enriquecedor.

3 **Embora possa ser benéfico falar sobre o transtorno e suas consequências para as pessoas mais próximas**, que são as que provavelmente mais sofrem, você não deve usar o TDAH como desculpa para tudo. Dizer "pronto, é o meu TDAH em ação de novo, desculpe" pode ajudar em algumas situações sociais muito específicas, quando você ficou de "saia justa" por conta de uma desatenção ou de um esquecimento; mas jamais use o transtorno como desculpa para tudo. Lembre-se: **"a culpa não é sua, mas o problema é seu"**.

4 **Use as dicas que abordamos para minimizar os sintomas do TDAH.** O primeiro deles é a agenda do celular, sempre sincronizada com seu computador. Já sabemos que você tem maiores chances de perder seu celular, que toca alarme para se lembrar das coisas, têm o número de telefone de todo mundo, datas de aniversários, compromissos etc. Além disso, celulares podem ter uma lista de coisas a fazer e um lugar para anotações gerais. Anote os compromissos profissionais e pessoais (entrega de relatórios, reuniões, dentista) e tarefas domiciliares (consertar a TV antes da esposa pedir pela décima vez). Tenha cautela, entretanto, para não adotar uns três ou quatro aplicativos diferentes, cada um para uma coisa. O ideal seria usar o mínimo de aplicativos, se possível interconectados (exemplo: um e-mail recebido pode ir para a lista de tarefas; elas podem ter alarmes ou avisos de expectativa de conclusão).

5 **Procure decidir o que é mais importante e resolver na hora tudo o que puder, deixando o mínimo possível para a lista "a fazer".** Quem é portador do TDAH vai acrescentando cada vez mais coisas à lista sem dar conta de fazê-las, exatamente como acontece no cotidiano, portanto, não se engane. Somente vai para a lista "a fazer" o que realmente não pode ser feito naquela hora. Restrinja ao máximo a tal lista, não fique querendo fazer tudo o que lhe vem à cabeça, ainda mais na cabeça de quem tem TDAH, na qual passa um monte de coisas o tempo todo. Dedique um determinado horário, após o almoço por exemplo, para fazer as coisas da lista. Tem que ser algo diário!

6 **Procure não se envolver com um monte de coisas e projetos diferentes ao mesmo tempo.** Já sabemos que em breve você estará se lamuriando pelos cantos, estressado, porque está sobrecarregado e foi você mesmo quem criou a situação. Aprenda a dizer não. Uma boa regra para o portador de TDAH é: só adicionar uma coisa quando puder subtrair outra. Não se engane.

7 **É importante ter atividades físicas.** Aeróbicas! Musculação, alongamento e pilates não contam, embora possam ser úteis para outras coisas. **Elas devem acontecer ao longo da semana**, tais como ginástica, esporte ou simplesmente andar de bicicleta ou correr. A mudança de atividade ajuda a manter o equilíbrio nas demais atividades do dia, especialmente as obrigatórias e/ ou maçantes.

8 A maioria dos portadores de TDAH descarrega sua bateria muito rapidamente. Por isso, é imprescindível que você **viva recarregando a sua bateria com muita frequência**. Há pessoas que fazem isso simplesmente tirando um cochilo durante o dia; outros "precisam" passear no fim de semana; outros, ir ao cinema ou ao estádio de futebol. Descubra o melhor jeito de recarregar a sua, para não viver mal-humorado e se queixando de que está cansado o tempo todo.

9 **Durma um número satisfatório de horas à noite.** Quanto menos você dormir, mais expressivos serão os sintomas de TDAH ao longo do tempo.

10 Como seu humor pode variar muito – isso não é obrigatório no TDAH e, inclusive, se for muito acentuado, pode sugerir a presença de comorbidade –, o melhor é **perceber o mais rapidamente possível quando não está em condições de conviver com os demais** e ir dormir, ficar no quarto lendo sozinho ou sair para andar por aí.

11 Aqui vai um conselho difícil: **o companheiro ou companheira tem que ter um perfil determinado não só para poder conviver bem com um portador de TDAH e aproveitar ao máximo a vida a dois, mas também para ajudar em diferentes aspectos da sua vida.** É claro que procurar sua "cara metade" vale para todo mundo, mas no caso do TDAH talvez isso seja muito, muito significativo. São características desfavoráveis: pessoas muito críticas e exigentes, consigo próprias e com os outros, pessoas submissas e complacentes com tudo, pessoas muito detalhistas, "certinhas" e pouco flexíveis no pensar.

12 **Estabeleça prioridades na sua vida:** as coisas em geral não têm a mesma importância. Quem tem TDAH costuma colocar tudo no mesmo nível de gravidade e se aborrecer igualmente por coisas completamente distintas. Deixe para se preocupar ou se aborrecer com as coisas realmente importantes. Reserve sua energia para os planos que realmente vão fazer diferença na sua vida.

13 **Descubra como você funciona melhor** para estudar ou trabalhar. A maioria dos portadores do TDAH prefere fazer mini intervalos o tempo todo. Procure estudar sozinho em local silencioso e sem muitas coisas para distraí-lo no ambiente. Você pode conciliar estudos sozinho com estudos em grupo, nos quais a presença dos demais pode "ativá-lo" e mantê-lo mais tempo estudando determinado assunto; isso pode variar muito de pessoa a pessoa.

14 **Considere com carinho os comentários a seu respeito feitos por aquelas pessoas que você considera importantes e confiáveis.** Pense a respeito. Quem é portador de TDAH normalmente tem a auto-observação deficitária.

15 **Tenha uma gaveta ou mesmo uma caixa para colocar todos os seus documentos recebidos (cartas, contas etc.).** Em um determinado dia da semana, você pode, então, ir separando e guardando cada um deles no seu devido lugar. Isso é mais prático e seguro para quem vive perdendo as coisas ou perde muito tempo as procurando. ■

ANTONIO GUILLEM/SHUTTERSTOCK

CAPÍTULO 6

A ESCOLA

NAS EDIÇÕES ANTERIORES DESTE LIVRO, apresentei várias sugestões de como seria possível minimizar as dificuldades de um aluno com TDAH em sala de aula. Embora você ainda possa encontrar algumas delas adiante, é preciso antes abordar uma questão bastante séria.

Em primeiro lugar, preciso dizer que a psicologia (incluindo a escolar) em muitos países ainda é basicamente especulativa, opinativa, sem utilizar critérios científicos. Por aqui, costuma-se perguntar "qual é a linha" ou "a corrente" do profissional, como se fosse possível "escolher" aquela que mais lhe agrada. No nosso país, assuntos sérios (como educação) viram "senso comum", "conversa de bar" e profissionais falam de coisas baseados em opiniões pessoais ou teorias que nunca foram testadas.

Isso é algo raro em outros países: existem centenas de experimentos científicos, fartamente documentados na literatura, demonstrando o que funciona de fato e o que não funciona. A escolha de um "método" ou "técnica" deve se basear em achados de experimentos, não em opiniões ou preferencias pessoais, obviamente. Na educação, não faltam profissionais que "pregam" esta ou aquela teoria, sem qualquer fundamentação científica.

Para piorar ainda mais a situação, existe um longo histórico de modelos tradicionais de ensino que sobreviveram às mudanças ocorridas na última década, por diferentes motivos. Um deles, que não pode ser minimizado, foi a velocidade com que ocorreram as mudanças e a nossa dificuldade real de trocar tudo o que fazemos de uma hora para outra.

Participando de um seminário recente com professores de escolas públicas e privadas, uma professora disse o seguinte a mim e ao psicólogo, ambos coordenadores do evento:

> "Acho que já sei o bastante sobre TDAH e as dificuldades que o aluno com o transtorno apresenta para manter-se atento em sala de aula..., mas o problema – meu e de quase todos aqui hoje – é que ninguém mais presta atenção em sala de aula!".

Vários outros professores concordaram. Uma professora chegou a dizer:

> "Eu preciso transformar minha aula num verdadeiro show para que prestem um mínimo de atenção e, honestamente, não apenas não tenho como fazer isso para uma disciplina como a minha (Português), como não tenho condições de transformar cada uma das aulas ao longo do ano num espetáculo pirotécnico para prender a atenção da turma. É muito difícil competir com a tecnologia a qual eles têm acesso atualmente".

Como o psicólogo era um especialista em motivação, dirigiram-se a ele perguntando o que poderiam fazer para motivar os alunos em sala de aula. A resposta, que eu já imaginava, veio rápida e objetiva: "Infelizmente, quase nada. O que vocês fazem está basicamente em total falta de sintonia com o mundo atual no qual os alunos vivem".

Chegamos então à parte mais difícil: não há mais como

manter o sistema atual de ensino, que está exclusivamente preocupado com o desempenho e não com a motivação dos alunos. Você, como eu, já estudou "forçado"... qual foi o resultado disso? Você realmente aprendeu e manteve ao longo do tempo o conteúdo que estudou (ou acha que estudou)?

Após a filmagem de uma entrevista, o diretor me chamou para conversar e contou que tem procurado estudar com seu filho, que estaria apresentando dificuldades na escola. Ele já sabia ser uma das principais coisas que poderia fazer para ajudá-lo.

Contou que o filho havia chegado em casa recentemente com a tarefa de fazer um trabalho sobre os fenícios e, para isso, contava com uma apostila da própria escola.

> "As ilustrações eram horrorosas e, para piorar, meu filho não fazia nenhuma ideia da importância de estudar os fenícios e se perguntava chateado por que ele era 'obrigado' a fazer aquilo. Resolvi então abandonar aquele material e navegar com ele na internet. Pesquisamos por nossa conta e descobrimos vídeos, um monte de histórias, mapas, enfim, uma grande quantidade de material muito mais interessante e que lhe permitiu entender qual a importância daquele povo na história e as suas características."

Se você tem alguma dúvida que é uma tarefa inglória educar alguém com o sistema atual, sugiro que veja os vídeos do Salman Kahn na internet – leia também o seu livro *Um mundo, uma escola: a educação reinventada*. O material do Instituto Kahn está disponível gratuitamente em várias línguas, inclusive em português. E se você acredita que a estratégia sugerida por esse novo modelo não se aplica aos alunos de classes socioeconômicas desfavorecidas, está redondamente enganado: há vídeos mostrando o benefício do método em locais extremamente pobres, como a favela da Rocinha, no Rio de Janeiro.

O **método expositivo** (as aulas tradicionais) tem o professor como autoridade e o aluno tem um papel passivo; esse método é o pior de todos, seja para quem tem ou não TDAH, sendo muito pior para quem tem. Ele é o mais utilizado nas escolas porque dá segurança ao professor e preserva seu poder e autoridade, além de ser muito mais cômodo e econômico. Porém, grande parte do conteúdo se perde, nem sempre gera motivação e depende muito da capacidade de empatia e comunicação do professor. O **método interrogativo**, quando o aluno é mais ativo porque é estimulado o tempo todo a responder questões, promove o desenvolvimento da capacidade de crítica e promove a descoberta pelo próprio aluno. As suas desvantagens são a necessidade de muito mais tempo e a impossibilidade de ser aplicado em todas as disciplinas, além de ser ruim para alunos mais tímidos, com mais inibição.

O **método demonstrativo** é aquele no qual o professor exibe a correta execução de uma operação e permite o aprendizado prático de técnicas, procedimentos etc. Ele estimula a participação dos alunos e a integração de aspectos teóricos e práticos. Ele exige muito mais tempo, equipamentos e materiais específicos, só pode ser empregado em grupos pequenos e também não se aplica a muitas disciplinas.

O **método ativo**, considerado o mais eficaz, é aquele no qual o ensino é focado no aluno e o professor passa para o papel de facilitador. É o método que exige o maior grau de treinamento de professores. A aprendizagem, nesse caso, advém da própria atividade e a ênfase é na descoberta pessoal. Ele também tem desvantagens, como não ser adaptável a todos os conteúdos e demandar ainda mais tempo que todos os outros métodos, não ser aplicável em grupos maiores, além de exigir treinamento especializado para o professor.

Vale a pena ressaltar que esse método não é o chamado **método construtivista**, que tem sido alvo de inúmeras críticas na literatura especializada. Aproveite para exercitar o que estamos falando e pesquise você mesmo sobre esse assunto na internet.

Por que o método ativo é diferente? Porque se baseia na **autonomia** dos alunos para aprender o conteúdo programático e evoluir em "fases", exatamente como ocorre num videogame. Os exercícios são feitos logo após a apresentação dos conteúdos, em todas as matérias, e servem como *feedback* de como o aluno está se saindo. Dependendo do seu desempenho, ele "passa para a fase seguinte". Quanto às aulas na escola, elas são raras ou inexistentes: os professores funcionam junto aos grupos de alunos, observando e intervindo no processo de educação, no qual eles mesmos vão "ditando" a velocidade do aprendizado. Os professores, desse modo, têm muito mais oportunidade de observar quem está com mais dificuldades, quem está se saindo melhor, entre outros aspectos. E poderá dar um suporte mais adequado a quem tem problemas específicos, como o TDAH. O aprendizado ocorre de modo muito semelhante a uma brincadeira, um jogo. A propósito, sabe quais foram os únicos professores do tal seminário que não reclamaram que "ninguém mais presta atenção em sala de aula, não apenas os portadores de TDAH"? Os professores do jardim de infância. Você consegue imaginar o porquê? Simples: eles ensinam de modo ativo, com brincadeiras.

Para falar dos novos modelos de ensino, é preciso falar novamente de motivação. Existem vários "tipos" de motivação que funcionam de maneiras muito diferentes. Já falamos sobre isso anteriormente, mas vale repetir. Existe a **motivação autônoma** ou **intrínseca**, quando o indivíduo experimenta a escolha de livre vontade, ou seja, tem autonomia; e a **motivação controlada** ou **extrínseca**, que ocorre por meio de controle externo. Apenas a motivação intrínseca se associa a maior persistência e a melhor desempenho no geral. Na motivação extrínseca, o aluno age apenas para obter uma recompensa externa, em geral imediata ou de curto prazo, ou evitar uma punição. Esses aspectos tendem a destruir a motivação intrínseca porque um dos pilares da mesma é justamente a possibilidade de livre escolha pelo indivíduo. As motivações extrínsecas, relacionadas aos valores extrínsecos que vimos anteriormente, têm grandes chances de não funcionar a médio e longo prazos.

Mas o que poderia estimular a motivação intrínseca? Algumas sugestões são:

- **Criar a possibilidade de escolha**. Isso vale para aspectos dentro de um tema e o modo como podem ser investigados e aprofundados. Os professores podem ajudar ensinando modos diferentes de pesquisa, ou ainda sugerindo diferentes fontes para pesquisa.

- **Fornecer *feedback* positivo constante**. O conteúdo deve ser avaliado constantemente, antes de se progredir para uma etapa posterior. No método tradicional, apenas quando chegam as provas é que o aluno será avaliado. Caso ele tenha tido dificuldades em uma etapa precoce, tudo o que veio depois dela estará comprometido e só saberemos disso quando ele fizer a prova e tiverem se passado muitos meses.

- **Promover a interação com o outro.** Alguns estudos científicos revelam que auxiliar alguém próximo, como um aluno da mesma turma que esteja com dificuldades num determinado ponto da matéria, tem efeito muito expressivo no aprendizado. A ideia de comunidade e solidariedade são extremamente importantes para a motivação intrínseca. No método ativo, o que era considerado falta grave – a "cola" –, é estimulado, porque a avaliação é feita pelo próprio aluno. ∎

Quais são as características ideais de um professor para crianças e adolescentes com TDAH?

PARA LIDAR COM UMA CRIANÇA COM TDAH, antes de qualquer coisa, o professor precisa conhecer o transtorno e saber diferenciá-lo de **má-educação**, **indolência** ou **preguiça**.

Ele precisará equilibrar as necessidades dos demais alunos com a dedicação da qual uma criança com TDAH necessita, o que pode ser difícil com uma turma numerosa. Turmas pequenas são preferíveis. Ele tem que percebê-la como uma pessoa que tem potencial – que poderá ou não se desenvolver, como acontece com todo mundo –, interesses particulares, medos e dificuldades. Além disso, o profissional tem que estar **realmente** interessado em ajudá-la. Embora existam várias **dicas** disponíveis em diferentes livros, não existe uma técnica nem abordagem pedagógica específica que possa melhorar a atenção e o desempenho da criança com TDAH.

Confesso que não vejo sentido, por outro lado, de se pedir a um professor que faça a tarefa hercúlea de ensinar a uma criança que não está sob tratamento, embora precise. É frequente que me perguntem sobre isso, contando de casos em que os pais "eram contra o uso de medicamentos". Na minha opinião, nenhuma escola é obrigada a receber alunos cujos pais se recusem a fazer o tratamento indicado pelas principais sociedades médicas do mundo, mas há quem pense diferente. Mais ainda, não vejo por que outros alunos dentro da sala de aula devam ser prejudicados pelo fato de um portador de TDAH não estar em tratamento. É uma situação diferente daquela quando existe um aluno com problemas para os quais não existe tratamento disponível, como é o caso de algumas doenças neurológicas; ou quando os tratamentos trazem melhoras limitadas, mas a própria convivência em grupo pode ser benéfica, como no caso do *autismo*. A inclusão nas escolas, desde que realizada adequadamente, proporciona o aprendizado de uma das coisas mais importantes para a vida futura, que é a capacidade de nos relacionarmos e convivermos com pessoas diferentes. Não acho que conviver com alguém que não está sendo tratado por decisão dos pais e apresente comportamento que perturba a todos se inclua no conceito de inclusão.

O professor ideal tem mais "jogo de cintura" e criatividade para gerar uma variedade de alternativas, avaliando qual delas **funcionou melhor** para uma dada situação em particular. Ou seja, ele tem que ser capaz de modificar as estratégias de ensino, de modo a adequá-las ao estilo de aprendizagem e às necessidades da criança. Se ela aprende matemática melhor com jogos, então o professor ideal será aquele que consegue produzir uma variedade de jogos matemáticos interessantes.

É importante entender o fato de a criança prestar atenção e se dedicar apenas àquilo que a interessa ou motiva. Essa é uma das características do transtorno que mais facilmente se confunde com uma série de outras coisas, geralmente malvistas pelos professores. Outro aspecto muito importante é saber distinguir **incapacidade para lembrar e seguir regras**, como no caso do TDAH, com **falta de vontade de atender a regras** (problemas comportamentais). Às vezes, o TDAH pode coexistir com problemas comportamentais, o que complica as coisas. ■

O que os professores devem esperar do desempenho acadêmico?

TODAS AS POSSIBILIDADES DE RESULTADOS. Algumas crianças com TDAH conseguem ter bom desempenho acadêmico e profissional no futuro, mas muitas delas apresentam desempenho abaixo do esperado em relação aos seus pares e ao seu potencial, não sendo raras as repetições. O TDAH ocorre em indivíduos com uma ampla faixa de inteligência; ela é um dos grandes determinantes das conquistas na vida, apesar do transtorno.

Além da inteligência, outros fatores podem modificar o prognóstico de quem tem TDAH:

- **A presença de outros problemas associados ao TDAH**, algo comum, em geral leva a pior desempenho acadêmico ou a pior adaptação na escola. Muitos alunos diagnosticados com TDAH apresentam outros transtornos, como foi dito anteriormente, e são justamente estes que causam a maior parte das dificuldades. São esses os casos que são encaminhados mais frequentemente aos consultórios e centros especializados de diagnóstico e tratamento. Inúmeros médicos têm uma ideia equivocada do que seja o TDAH exatamente por isso: acabam vendo apenas os casos complicados pela existência de problemas associados, como por exemplo o *transtorno de oposição e desafio* e o *transtorno de conduta*. Muitos casos de TDAH, especialmente na apresentação com predomínio de desatenção, passam "despercebidos" durante muito tempo porque os alunos têm bom comportamento.

- **Problemas familiares significativos**, famílias caóticas ou com muitos problemas de relacionamento interpessoal podem comprometer o desempenho da criança ou do adolescente.

- **Presença de quadros de *depressão* ou *ansiedade*** significativos em comorbidade com o TDAH se associam a pior desempenho acadêmico.

- **Abuso de álcool e/ou drogas.**

Quanto àqueles alunos que apresentam dificuldades e estas são exclusivamente secundárias aos sintomas do TDAH, observamos que são crianças e adolescentes que:

- **Vivem no mundo da lua.** Dessa forma, "perdem" boa parte da explicação do professor na sala de aula ou daquilo que estão lendo no livro.

- **Não conseguem copiar do quadro ou completar tarefas na mesma velocidade dos demais** e sempre pedem mais um pouco de tempo.

- **Cometem erros "por bobagem"**, isto é, por mera distração (erram vírgulas, sinais matemáticos etc.). Acabam tendo notas inferiores às que realmente poderiam ter.

- **Parecem estar prestando atenção em outra coisa** durante uma explicação, especialmente se for mais longa.

- **Esquecem-se com frequência de conteúdos que haviam estudado previamente.** Isso ocorre porque a atenção era superficial enquanto estudavam e, assim, o material não é corretamente armazenado.

- **Respondem antes de ler ou ouvir a pergunta** até o final.

- **Evitam tarefas muito longas, monótonas ou que exijam concentração** e acabam dando a impressão de serem alunos indolentes ou preguiçosos.

As dificuldades para completar tarefas individuais – em grupo às vezes se torna mais fácil, porque os demais acabam ditando o ritmo –, para prestar atenção nas instruções das tarefas e nas explicações do professor e a dificuldade para estudar em casa podem resultar em notas baixas. Apesar disso, com as necessárias adaptações, é possível melhorar o desempenho nas provas. ■

Como os professores podem suspeitar de outro problema coexistente?

O DESEMPENHO ACADÊMICO abaixo do esperado entre as crianças e os adolescentes com TDAH, quando ocorre, deve-se a exclusivamente às dificuldades de atenção, além da inquietude que dificulta que elas permaneçam sentadas por muito tempo. Portanto, em condições específicas, essas crianças são capazes de aprender e obter resultados semelhantes aos de outras crianças da mesma faixa etária e escolaridade.

Por exemplo, se dividirmos uma tarefa em pequenas etapas que exijam que a criança permaneça concentrada apenas por pequenos intervalos e se a tornarmos mais estimulante, o aluno com TDAH poderá fazer todo o exercício com pouco ou nenhum erro. Se, mesmo nessas condições especiais, o aluno continuar apresentando dificuldades no rendimento escolar, os professores deverão desconfiar da presença de *transtorno de aprendizagem* associado.

Os pais e professores costumam dizer: "Quando ele quer, ele presta atenção e acaba fazendo direito". Mas é isso mesmo, a atenção pode ser aumentada, tanto em pessoas sem qualquer transtorno quanto naquelas que são portadoras do TDAH. Neste último caso, entretanto, elas não conseguem fazer isso o tempo todo ou de modo satisfatório como os demais, só conseguem durante um curto intervalo de tempo ou quando a tarefa é muito interessante. Se existir um outro transtorno, como a *dislexia*, por exemplo, mesmo um grande esforço não é capaz de melhorar muito o desempenho.

O tipo de erro também pode ajudar a identificar o transtorno. Os alunos com TDAH costumam errar coisas que são capazes de compreender apenas porque não prestaram atenção a algum detalhe ou porque fizeram "leitura automática". **Se o aluno apresenta incapacidade de abstrair conceitos, se não consegue armar contas, não consegue interpretar textos e continua apresentando essas dificuldades mesmo quando o colocamos nas condições ideais de estudo, é provável que exista algum outro problema associado.**

Veja a seguir as dificuldades de aprendizagem que **podem** coexistir com o TDAH.

TRANSTORNOS DE APRENDIZAGEM

- **Transtorno de aprendizagem com comprometimento da leitura, também chamado de *dislexia*.** Existem graus variáveis de *dislexia*, desde uma forma mais grave até formas mais leves. Na *dislexia*, há dificuldade de leitura que pode ser evidenciada pela leitura em voz alta, que se caracteriza por ser silabada, aos tropeços, com hesitações e palavras lidas incorretamente; e pela interpretação muito ruim do que foi lido, na leitura silenciosa ou em voz alta.

Carolina* foi trazida a consulta por sua mãe, que já informava de início que "ela tinha TDAH" e que "o medicamento não ajudou muita coisa". Mesmo sendo uma adolescente muito bonita, Carolina aparentava ser triste e excessivamente tímida. A avaliação posterior confirmou que ela tinha muitos sintomas depressivos. Segundo seu relato, ela "voa" enquanto lê e "perde o fio da meada", tendo que voltar várias vezes para ler novamente o texto. Acaba por abandonar no meio. Um único capítulo de livro da escola pode demorar horas seguidas, enquanto seus colegas leem o mesmo material em pouco mais de 30 minutos. Ela sempre é a última em copiar do quadro negro e já nem pede a professora para não apagar, com vergonha. Não consegue acompanhar legendas de filmes. Apesar disso, Carolina demonstra prestar muita atenção em sala de aula – "aprendo mais assim" – e não é desatenta enquanto se conversa com ela, mesmo que longamente. Ela consegue se concentrar enquanto joga com os amigos, ou quando está organizando sua lista de *downloads* de música no computador. Como a desatenção de Carolina é restrita ao contexto de leitura (e estudo), suspeitou-se que tivesse *dislexia*, o que foi comprovado num exame neuropsicológico com avaliação de linguagem.

Na *dislexia*, o histórico já aponta dificuldades por ocasião da alfabetização: estas crianças levaram muito mais tempo para se alfabetizar ou tiveram muito mais dificuldades que os demais. Existe grande dificuldade para ler com a mesma velocidade que os demais e também com a mesma precisão. O disléxico pode ler um texto e ter dificuldades para relatar o que leu ou, então, para

---

* Nome fictício.

descrever detalhes importantes. Uma característica observada na *dislexia* é a grande discrepância entre a compreensão de um mesmo texto que foi **lido por outra pessoa em voz alta** e que foi **lido pelo próprio indivíduo**: as dificuldades só aparecem nesta última situação.

A escrita na *dislexia* também se encontra comprometida: a capacidade de se expressar oralmente é muito superior à capacidade de redigir um texto, que geralmente contém muitos erros gramaticais e de concordância, além de serem breves. No caso da *dislexia*, é difícil para o indivíduo aprender e memorizar regras (por exemplo, quando usar ss, ç, s) e ele sempre comete os mesmos erros.

- *Transtorno de aprendizagem* **com comprometimento da escrita, anteriormente chamado por alguns de *disortografia*.** Além de a **grafia** ser geralmente ruim – com uma mesma letra variando de forma e tamanho, sobe e desce montanha, uso incorreto do espaço no papel, garranchos –, também há dificuldade em se expressar por escrito. As frases são muito curtas, sem sentido, por vezes sem o emprego correto de conjunções ou preposições, com ordem invertida de palavras, dificultando a compreensão pelos demais. A expressão oral é absolutamente normal.

- *Transtorno de aprendizagem* **com comprometimento da capacidade de cálculo (matemática), também chamado de *discalculia*.** Corresponde a uma dificuldade muito grande de operar conceitos matemáticos, seja por escrito, seja oralmente. Na *discalculia*, as dificuldades com a matemática são muito significativas desde muito cedo e o desempenho é nitidamente inferior ao esperado pela inteligência e pelo desempenho nas outras matérias que não envolvem cálculos.

TRANSTORNO DO DESENVOLVIMENTO DA LINGUAGEM

As características principais são as dificuldades na aquisição e no uso da linguagem, com déficits significativos na compreensão ou na expressão, tanto oralmente quanto por escrito.

Em alguns casos o comprometimento maior é o expressivo, quando há muita dificuldade de se expressar – tanto oralmente quanto por escrito –, sendo que a compreensão está mais preservada. São crianças que, em geral, só aprenderam a falar muito tarde, usam frases mais curtas e, por vezes, apenas com substantivos e verbos, sem conjunções, preposições ou advérbios. Os adjetivos são usados muitas vezes com um sentido diferente. O vocabulário é reduzido. A expressão por escrito (ditado ou redação) também é muito ruim. Em outros casos existem dificuldades muito grandes também na compreensão, o que pode levar à uma conclusão errada sobre rebaixamento intelectual. ■

E os problemas comportamentais que podem associar-se ao TDAH?

OS PROFESSORES DEVEM SUSPEITAR de outros problemas coexistindo com o TDAH nos seguintes casos:

- Os comportamentos impulsivos e a pouca habilidade social dos portadores do TDAH – por exemplo, **falar sem pensar** – podem resultar numa baixa aceitação ou rejeição por parte dos colegas. Mas se a criança começa a evitar deliberadamente a interação com outras crianças, professores e família, apresenta comportamento submisso e tímido, não querendo participar de atividades em grupo, isolando-se, pode estar apresentando um quadro de *depressão* ou de *fobia social* – medo intenso de fazer qualquer coisa, como falar em público ou escrever no quadro, enquanto está sendo observada pelos outros.
- Quando há um comportamento nitidamente diferente, sem desejo aparente de interação com os demais, dificuldades de expressão oral e comportamento com "manias" (rituais) e maneirismos (trejeitos com as mãos, imitando personagens da TV ou de filmes), deve-se pensar na presença

de *transtorno do espectro autista* (TEA) – essa denominação inclui o *autismo* e o anteriormente chamado *transtorno de Asperger*. **Muitos autistas são agitados e também desatentos**; após o DSM-5, o diagnóstico de TEA em comorbidade com TDAH passou a ser oficialmente reconhecido. **Uma dica: um quadro de TDAH "muito grave" tem maiores chances de ser um quadro de TEA.**

- Quando ocorre comportamento agressivo e a criança parece estar frequentemente com raiva ou ressentida, também se deve suspeitar de que haja outro problema associado. Nesses casos, a criança pode apresentar hostilidade verbal, desobediência às regras escolares, passando a não atender a pedidos e a ter discussões frequentes com adultos e colegas. Ela pode ser "implicante" e intimidar os outros, provocando brigas com colegas. Ela pode apresentar comportamento vingativo. Fala-se, então, em *transtorno de oposição e desafio* (TOD).

- Se o aluno parece envergonhado em fazer perguntas ou comentários na sala de aula, se parece ansioso para fazer provas, fica muito preocupado com suas notas, se começa a evitar fazer deveres e o desempenho acadêmico baixa mais do que a média, deve-se investigar a presença de ansiedade. Todo mundo tem níveis de "ansiedade normal" em algum momento. Algumas pessoas têm o que se chama *transtorno de ansiedade*, isto é, apresentam níveis exagerados de ansiedade que lhes causam mal-estar e prejudicam o seu desempenho. Crianças e adolescentes com *transtorno de ansiedade generalizada* (TAG) estão sempre pensando em múltiplos problemas e tem dificuldade em controlar esses pensamentos.

- Se o aluno parece muito triste ou desmotivado, ficando longos períodos quieto, sem se envolver em quaisquer tarefas, chorando com facilidade, sem apetite, ficando mais calado do que de costume, cansando-se com frequência, culpando-se ou auto recriminando-se, também pode haver *depressão*.

⊚ Se o aluno eventualmente pega objetos que não lhe pertencem, trata animais com crueldade, destrói deliberadamente a propriedade alheia, mente com frequência, é frequentemente agressivo, é possível que esteja apresentando sintomas do *transtorno de conduta*.

Diante de qualquer desses indícios, é importante que tais comportamentos sejam avaliados por um especialista. É preciso ter cautela para também não atribuir tudo ao TDAH. ∎

Quais as principais
dicas para o professor?

- **O aluno deve sentar-se preferencialmente na primeira fila**, o mais próximo possível do professor e longe da janela. A maioria das crianças com déficit atentivo se sai melhor nas primeiras fileiras, onde o professor pode supervisionar com mais facilidade. Além disso, com o professor mais próximo é mais fácil, por exemplo, caminhar até o aluno e apenas colocar a mão em seu ombro, sem interromper o que se está dizendo ou lendo, para sinalizar que ele está fazendo bagunça ou falando muito.

- **Ele tem que manter uma rotina relativamente constante e previsível**: uma criança com TDAH requer um meio estruturado que tenha regras claramente estabelecidas e que coloque limites ao seu comportamento, pois ela tem dificuldades de gerar sozinha essa estruturação e esse controle. Evite mudar de horários o tempo todo, trocar as "regras do jogo" no que diz respeito às avaliações – uma hora vale uma coisa, outra hora vale outra. As regras devem ser frequentemente relembradas a todos na turma. O professor deve sempre deixar claro o que é esperado dos alunos desde o primeiro dia, falando de modo bem explícito. O que pode e o que não pode. Alguns professores acham bom colocar as regras por escrito em um cartaz no mural da sala.

- **O professor deve se expressar claramente**, de modo conciso e, de preferência, apresentar aquilo que está sendo dito também sob forma visual (*slides*, quadro, pôsteres), em função das dificuldades de manutenção da atenção.

- **A criança com TDAH necessita de um nível um pouco mais alto de estimulação para agir melhor**. Mas se o estímulo for exagerado, ela irá tornar-se **superestimulada**, o que é ruim. Assim, embora as rotinas sejam necessárias, é interessante introduzir novidades, desde que isso seja feito com preparo prévio. Evite improvisações caso não seja naturalmente um professor criativo.

- **É importante conversar com a criança sobre suas dificuldades e ouvir sugestões** sobre como as coisas poderiam ficar mais fáceis. Envolvê-la nas discussões faz que as mudanças se tornem um projeto conjunto e que ela perceba as atitudes do professor de forma mais positiva.

- **O professor deve tentar modificar o comportamento do aluno gradualmente.** Após fazer uma lista dos comportamentos inadequados – de modo reservado, obviamente, e isso também pode ser feito com o psicoterapeuta –, ele deve escolher inicialmente alguns que sejam mais prejudiciais para o desempenho acadêmico ou que mais atrapalhem a aula e começar por eles. Quando o aluno tiver apresentado melhora nesses comportamentos, ele poderá estabelecer novas metas. O professor não deve tentar modificar simultaneamente todos os comportamentos do aluno. Isso é muito importante!

- **Ele tem que saber equilibrar exigência de cumprimento das regras e flexibilização de comportamento.** Quando houver infração a regras, por exemplo, é importante sempre estar atento à existência de fatores atenuantes, exatamente como ocorre com a aplicação das leis. Os atenuantes, quando existirem, devem ser explicitados ao aluno e deve-se conversar sobre eles. As penas pelo não cumprimento das regras podem, então, ser abrandadas ou até mesmo retiradas, mas somente quando houver atenuantes claros. **O TDAH por si só jamais deve ser usado como atenuante para uma infração grave ou repetida; atenuantes são contextos específicos que contribuíram para uma determinada falta.**

- **É importante distinguir estruturação – consistência de conduta e planejamento – de rigidez – incapacidade de modificar ou tolerar.** Em algumas circunstâncias, por exemplo, quando o nível de frustração do estudante está muito alto, ou quando começa a ficar alto, o professor deve saber rever sua posição, mas de forma calma e positiva. Embora o objetivo seja permanecer sentado a maior parte do tempo, o professor pode eventualmente ignorar algumas vezes em que ele se levanta inadequadamente ou até mesmo permitir um passeio fora da sala de aula em um dia particularmente difícil para o aluno.

- **O aluno pode ter uma função oficial na sala de aula, ser o "ajudante".** Isso, além de melhorar a qualidade do relacionamento dentro da sala de aula, permite que ele se movimente um pouco mais. As vantagens do ajudante são muitas. O fato de ele ter uma função específica permitirá que faça coisas que não são permitidas aos demais, como por exemplo: levantar-se mais, sair de sala para buscar algo, ir até a mesa do professor mais vezes, apagar o quadro, distribuir papéis etc. Também poderá ser exigido, implícita ou explicitamente, de modo distinto.

- **Deve-se fornecer *feedback* consistente e imediato sobre o comportamento da criança**, de modo a sempre criar uma consequência para os comportamentos que ela apresenta. **Jamais se utiliza *feedback* tardio** nos casos de TDAH (como no final do mês). O professor pode até mesmo desenvolver um sistema de sinais "secretos" com a criança para avisá-la de que está se "desligando" ou agindo de forma inadequada.

- **Assim como os pais, o professor deve procurar elogiar ou premiar a criança** quando ela apresenta comportamento adequado, em vez de puni-la quando apresenta comportamentos inadequados. Como as pessoas se esquecem disso!

- **Muitas vezes o professor tem que agir como um "organizador auxiliar".** Ele deve sinalizar quando está trocando de tarefa ou atividade e ressaltar diferencialmente pontos importantes.

- **O uso de um meio de comunicação com os pais é indispensável.** Pode ser por e-mail, SMS, WhatsApp ou agenda. É importante que os pais não deixem de ler as anotações.

Do mesmo modo como se ensina o conteúdo mais fácil e depois se progride para aquele mais difícil, as exigências devem começar pelas mais simples e depois passar para as mais complexas. Lembre-se, entretanto, de que aquilo que pode ser fácil para um aluno comum, como ficar sentado prestando atenção, pode ser dificílimo para um aluno que tem TDAH. ▪

Existe algum tipo de escola mais indicada para o portador de TDAH?

82

AO ESCOLHER UMA ESCOLA para uma criança ou um adolescente com TDAH, é importante levar em consideração as seguintes características:

- As escolas que dão grande valor às diferenças individuais e que apresentam alguma possibilidade de adaptar o método de ensino às necessidades da criança.

- As escolas que utilizam critérios diversificados de avaliação do aluno e que consideram seus progressos individuais, em vez de compará-lo à média da turma. A avaliação de aquisição de conhecimentos é importante, mas não pode ser o único critério utilizado. A escola que privilegia métodos ativos de ensino é provavelmente melhor para quem tem TDAH.

- Em geral, classes com poucos alunos permitem que os professores deem maior atenção aos alunos individualmente. ■

O aluno com TDAH deve receber um tratamento diferenciado?

O PORTADOR DO TDAH tem déficits que dificultam que ele se comporte ou realize as tarefas do mesmo modo que as outras crianças. Portanto, é importante tentar amenizar o impacto do TDAH tanto na vida acadêmica da criança quanto em sua vida social. Desse modo, os professores devem dar um tratamento diferenciado ao aluno, que aumente suas chances de ser bem-sucedido, apesar de seus déficits. O ideal não é dar a todo mundo exatamente a mesma coisa, mas dar a qualquer um o que cada um precisa.

Rigor excessivo irá apenas contribuir para acentuar as dificuldades e diminuir a autoestima, obviamente. **Se a criança for cobrada por comportamentos que ela não é capaz de ter ou, ainda, for punida por isso, poderá ficar frustrada e ser pouco cooperativa.** Deve-se estabelecer metas que ela possa cumprir, fazendo exigências de um modo coerente.

Não se propõe que o TDAH se torne uma desculpa para permitir qualquer tipo de comportamento por parte do aluno. Quanto mais próximo o tratamento dado aos demais alunos estiver do tratamento dado a ele, melhor. ∎

Um tratamento especial não vai constranger o aluno?

OS PAIS TEMEM QUE OS FILHOS FIQUEM "MARCADOS", "rotulados" como diferentes se forem oferecidos auxílios extras ou se o professor souber do diagnóstico.

Não se iluda: na verdade, **as crianças com TDAH já se comportam de forma diferente e são automaticamente rotuladas** quando são as únicas que não terminam os deveres de casa no tempo normal, ou quando são encaminhadas frequentemente para a coordenação por mau comportamento. Um diagnóstico de TDAH apenas vai trocar um rótulo depreciativo (mal-educado, bicho-carpinteiro etc.) por uma denominação médica.

Se lidarmos corretamente com o problema, poderemos conseguir que os problemas associados ao TDAH sejam administrados de um modo mais produtivo. É natural querermos ser tão iguais aos outros quanto possível, mas um tratamento diferenciado terá, certamente, efeitos sociais menos danosos do que não se fazer nada.

Uma das metas do tratamento diferenciado é ajudar pessoas a se ajustarem às suas dificuldades. Elas devem se sentir confortáveis com a necessidade de fazer tratamento farmacológico e/ou modificar seu estilo de vida. O professor pode ajudar a classe a entender o problema e a necessidade de "ajudas especiais" ou modificações de expectativas. Portanto, é benéfico também para as demais crianças, porque aprendem que nem todo mundo é igual e que precisamos encontrar meios satisfatórios de conviver com pessoas diferentes. ▪

Se lidarmos corretamente com o problema, poderemos conseguir que os problemas associados ao TDAH sejam administrados de um modo mais produtivo.

CAPÍTULO 6

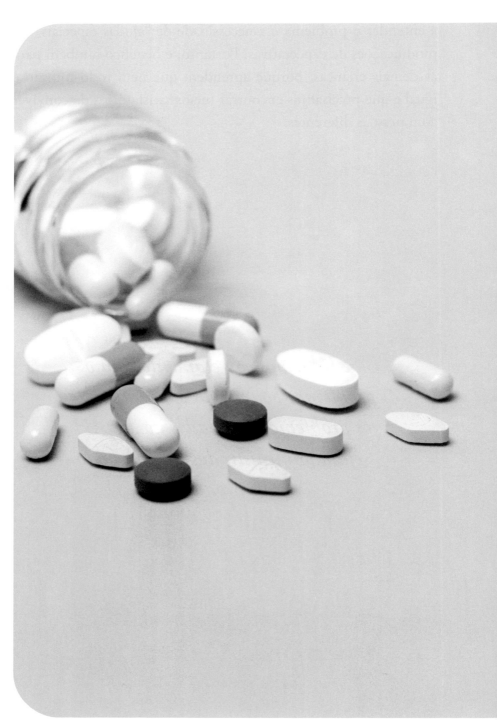

CAPÍTULO 7

MEDICAMENTOS

VAMOS COMEÇAR NOS LEMBRANDO DE QUE O tratamento do TDAH envolve vários aspectos que são complementares.

PARA CRIANÇAS E ADOLESCENTES

Confirmação do diagnóstico e avaliação de outros diagnósticos associados, que podem levar a modificações no tratamento! Em diversos casos, isso pode exigir o parecer de um especialista e a realização de entrevistas mais aprofundadas, preenchimento de questionários e realização de testes neuropsicológicos incluindo avaliação de linguagem, nos casos de problemas de desempenho escolar.

1. **Estimular o conhecimento mais detalhado do transtorno**, indicação de livros, associações ou sites da internet para que os pais (e o adolescente) conheçam melhor o TDAH.
2. **Uso de medicamentos.**
3. **Orientação aos pais**, incluindo a modificação do ambiente de casa e aconselhamento sobre a forma de se lidar com o transtorno.

4. **Orientação à escola.** Pode ser feita por material impresso, indicação de livros, associações ou sites da internet etc. Em casos específicos, quando há comprometimento significativo da vida escolar, o médico, o psicólogo ou o pedagogo da equipe que trata o paciente pode pessoalmente fazer a orientação mais detalhadamente e com supervisão.

5. **Psicoterapia.** A técnica cognitivo-comportamental é aquela que foi mais investigada no TDAH. A psicoterapia é fortemente recomendada sempre que houver comorbidade com *transtorno de oposição e desafio* (TOD), *transtorno de conduta* (TC), *ansiedade* ou *depressão*. Também pode estar indicada nos casos em que o TDAH se associou a um comprometimento muito significativo do relacionamento familiar ou na escola.

6. **Tratamento fonoaudiológico** quando houver comorbidade com *transtorno de aprendizagem* com comprometimento da leitura (*dislexia*) ou da escrita.

7. **Treino em técnicas de reabilitação da atenção** (opcional, conforme explicado adiante).

No caso de adultos, as etapas são semelhantes, exceto obviamente a orientação aos pais e a escola. Se for o caso, e o paciente adulto desejar, pode ser feita uma orientação ao cônjuge ou aos demais familiares. A psicoterapia fica reservada àqueles casos em que há comprometimento significativo da vida social, familiar e profissional por conta do TDAH (frequentemente sem diagnóstico durante muitos anos). ∎

O tratamento do TDAH com medicamentos é obrigatório?

AS RECOMENDAÇÕES PARA O TRATAMENTO DO TDAH vêm das diretrizes (*guidelines*, em inglês) que as sociedades médicas dos diferentes países publicam em periódicos científicos. Existem diferenças, por exemplo, entre as diretrizes da Grã-Bretanha, dos Estados Unidos e do Canadá. As diretrizes dos diferentes países são escritas a partir de consensos que reúnem os maiores especialistas do mundo (até mesmo os rivais), levando em consideração todas as informações existentes sobre o TDAH.

Em alguns países, existe a indicação de se iniciar antes com terapia, principalmente se houver um quadro menos grave. Em outros, essa recomendação não existe.

Na prática clínica, é muito comum o uso de medicamentos, que podem ou não ser associados à psicoterapia. Em relação às terapêuticas "não-farmacológicas", como o uso de ácido ômega 3-6, suplementos alimentares, fitoterápicos e dietas específicas, sabemos que sua eficácia é pequena, muito inferior àquela observada com os medicamentos. ∎

Como agem os medicamentos no tratamento do TDAH?

86

ELES MODIFICAM OS NÍVEIS DE DOPAMINA E NORADRENALINA, cujo metabolismo se encontra alterado em determinadas regiões do sistema nervoso central, mais especificamente nas regiões que controlam os impulsos, os níveis de atenção, a regulação das emoções e da motivação e os níveis de atividade motora. A dopamina e a noradrenalina são substâncias normalmente produzidas e liberadas pelas células nervosas e servem para transmitir as informações entre elas, por isso são chamadas de **neurotransmissores**. Uma regulação deficitária nos sistemas de dopamina e/ou noradrenalina parece estar envolvida no aparecimento dos sintomas do TDAH.

Os medicamentos de primeira escolha, os psicoestimulantes, são considerados seguros e proporcionam benefícios enormes em pouco tempo – poucos dias já bastam para se ver o resultado sobre a hiperatividade, a impulsividade e a desatenção. Não existe nenhuma outra abordagem – psicoterapia, modificação do ambiente, orientação a pais e professores – que tenha a mesma eficácia dos medicamentos; a maioria das pesquisas que foram realizadas até hoje demonstrou que os medicamentos são a forma de tratamento mais eficaz. A exceção para o uso de psicoestimulantes são as crianças com menos de 6 anos, quando os medicamentos parecem não ter a mesma eficácia e se associam a muitos eventos adversos; nestes casos, indica-se apenas a psicoterapia.

Se existem outros problemas associados, tais como *depressão*, *ansiedade*, uso de drogas e álcool, *transtorno bipolar*, entre outros, o médico pode optar por começar com um medicamento específico para a comorbidade e somente depois introduzir o estimulante. ■

Os medicamentos de primeira escolha, os psicoestimulantes, são considerados seguros e proporcionam benefícios enormes em pouco tempo.

Quais os medicamentos utilizados no tratamento do TDAH?

OS MEDICAMENTOS ESTÃO LISTADOS A SEGUIR. Na maioria dos países, tende-se a iniciar com os de "primeira linha" e, caso não se obtenha o resultado desejado, passa-se a utilizar os demais. No entanto, a ordem de escolha pode ser diferente, não se iniciando com os de "primeira linha", dependendo de algumas particularidades do caso em questão.

Os psicoestimulantes compõem a primeira linha de tratamento. São eles o metilfenidato e os derivados anfetamínicos.

O metilfenidato tem várias apresentações: de liberação imediata (com efeito em torno de 4 horas) e de liberação prolongada com efeito que pode variar entre cerca de 8 até cerca de 12 horas, dependendo do produto comercial. O metilfenidato possui diversas apresentações dependendo do país; algumas contém uma mistura de liberação imediata com liberação prolongada, outras vêm sob a forma de adesivos cutâneos, outros ainda sob forma de suspensão líquida. A relação entre a dose e a resposta terapêutica pode variar muito de um indivíduo para outro e precisa ser individualizada. Como as diferentes apresentações possuem duração de efeito muito diferentes, é importante cuidar para que se possa "cobrir" a maior parte do dia ou, pelo menos, o período em que o controle dos sintomas é mais importante.

Os derivados anfetamínicos representam a outra classe de medicamentos de primeira linha e também possuem várias apresentações diferentes, desde aquelas com efeito mais curto até as de efeito mais prolongado. Existem apresentações em comprimidos, suspensão oral e até tabletes mastigáveis. A mistura anfetamina-dextroanfetamina possui apresentações de liberação imediata (com efeito de até 6 horas) e de liberação prolongada (com efeito de até 10 a 16 horas). A lisdexanfetamina tem efeito em torno de 12 horas. Os derivados anfetamínicos parecem ter um efeito maior do que o metilfenidato, ao menos em adultos.

Quando não se obtém o efeito desejado com uma classe de estimulante pode-se tentar a outra, antes de se prosseguir para os medicamentos que não são de primeira linha.

Muitos dos eventos adversos dos estimulantes são leves, breves e reversíveis com o ajuste da dose. A frequência dos eventos adversos parece ser semelhante com o metilfenidato e os derivados anfetamínicos. Os principais são: diminuição do apetite, insônia, nervosismo, labilidade emocional (incluindo retração emocional) e desaceleração do crescimento. Este último se atenua com o tempo e parece não haver alteração da altura final do adulto. Embora a bula de muitas apresentações de metilfenidato informe que a presença de tiques motores ou de *Tourette* – uma combinação de tiques motores e vocais – são contraindicações para os estimulantes, muitas crianças com TDAH e tiques podem se beneficiar sem piora dos tiques.

A atomoxetina não é um estimulante e em alguns países ela também faz parte dos medicamentos de primeira linha, e em outros não. A atomoxetina tem uma duração de efeito entre 10 a 12 horas. Ela demora mais que os estimulantes para iniciar a resposta terapêutica (pode demorar até 4 semanas) e, por isso, não deve ser interrompida antes do tempo com a "impressão" de que não foi eficaz.

Medicamentos que não são considerados como de primeira linha são comentados abaixo. Eles têm um efeito menor nos sintomas de TDAH quando comparados aos estimulantes, mas podem ser utilizados de modo preferencial em determinadas situações clínicas nas quais os estimulantes não estão indicados: hipertensão arterial moderada a grave, hipertiroidismo, doenças cardiológicas não compensadas, glaucoma, entre outras. Os agonistas alfa-adrenérgicos são a clonidina e a guanfacina. Eles são habitualmente usados em crianças e adolescentes que não toleraram os estimulantes, mas também podem ser associados a eles. Os antidepressivos tricíclicos imipramina, desipramina e nortriptilina são usados geralmente em crianças e adolescentes que não toleraram os estimulantes. A sua dose pediátrica é calculada de acordo com o peso do paciente, e exige avaliação cardiovascular em crianças e idosos. Eles são contraindicados em quem tem alguns problemas cardiológicos prévios.

Outros medicamentos para os quais não há pesquisas suficientes permitindo conclusões mais definitivas são a bupropiona (um antidepressivo) e a modafinila (usada nos *transtornos do sono*). ■

É possível utilizar mais de um medicamento?

SIM. Pode-se usar estimulante e a guanfacina (ou clonidina) juntos por exemplo, quando o primeiro causa insônia, exacerba tiques ou provoca algum grau de insônia. Também é possível combinar um psicoestimulante de ação prolongada com um de ação curta.

Naqueles casos em que existem outros problemas além do TDAH, isto é, comorbidade, é necessário utilizar medicamentos específicos (para *ansiedade*, *depressão*, entre outras) junto ao medicamento para TDAH. ∎

Os estimulantes
causam dependência?

89

JÁ SE QUESTIONOU se os psicoestimulantes poderiam induzir ou facilitar, mais tarde, o uso de drogas ilícitas. Há estudos comparando grupos de indivíduos com TDAH tratados com estimulantes *versus* grupos de indivíduos que não foram tratados, e observou-se que a incidência de uso de drogas era maior em indivíduos que **não foram tratados**.

A explicação parece ser esta: ao se controlar a hiperatividade e a impulsividade, diminui-se o risco de envolvimento com drogas. Como existe também maiores chances de sucesso na vida escolar com o uso dos medicamentos, o grupo de amigos também tem maiores chances de ser diferente daquele em que existe mais problemas comportamentais – por vários outros motivos –, e abandono escolar.

Mas, e quanto a ficar dependente do próprio medicamento e começar a abusar das doses, tal qual se faz com uma droga ilícita? Diversos estudos mostraram que os casos de abuso do metilfenidato são raros, embora existam. O contato diário com o metilfenidato não nos torna necessariamente vulneráveis a ficar dependentes dele. A presença de *transtorno de conduta* (TC) ou *transtorno de personalidade*, isoladamente ou em comorbidade com o TDAH, aumenta os riscos.

Existem estudos, por outro lado, mostrando que **um indivíduo com abuso ou dependência de drogas ilícitas que também seja portador de TDAH tem mais dificuldades em conseguir se tornar abstinente**. O tratamento com estimulantes, nesses casos, deve ser ponderado pelo médico que deverá julgar os benefícios do controle do TDAH, que ajudaria a abstinência de drogas, e o potencial de abuso do medicamento por alguém que já se utiliza indevidamente de substâncias.

Quando são tomados do modo prescrito pelo médico, os estimulantes não se associam à sensação de "barato" (*high*) que aumentam os riscos de dependência de qualquer substância. A literatura mostra que o uso de estimulantes por via oral (comprimidos ingeridos) para o tratamento do TDAH não tem o mesmo efeito que o uso intranasal (aspirado) ou intravenoso (injetado); são estes dois últimos, obviamente não utilizados no tratamento, que se associam a uma chance elevada de dependência. Os estimulantes de longa duração parecem ter menos potencial de abuso que os de curta ação. ■

Existem eventos adversos graves com o uso de estimulantes?

OS ESTIMULANTES SÃO CONSIDERADOS MEDICAMENTOS SEGUROS na literatura científica. Existem relatos de eventos adversos bastante raros. Entretanto, não foi demonstrada a relação causal entre o uso do estimulante e o surgimento desses eventos raros. Esse é o caso de quadros de *psicose* e *pensamento suicida*.

Em relação à *epilepsia*, os estimulantes são considerados seguros desde que o indivíduo esteja adequadamente tratado com anticonvulsivante e sem sintomas.

Houve suspeita de que os estimulantes usados no tratamento do TDAH se associassem a mortes súbitas, que têm esse nome porque são inesperadas e ocorrem em pessoas que não tinham histórico anterior de doenças graves. Os estudos de prevalência de mortes súbitas na população em geral, conduzidos por órgãos governamentais estadunidenses, canadenses e europeus **não** mostram que o uso de estimulantes esteja associado a um aumento de sua ocorrência. ∎

Bem, mesmo assim, estou com dúvidas sobre tomar ou não o medicamento.

91

ÓTIMO PENSAR ASSIM, principalmente se você é portador do TDAH e "adora" tomar decisões impulsivamente, sem pensar. Caso você e o médico tenham chegado à conclusão que é necessário o tratamento medicamentoso, a melhor coisa a fazer é: experimentar! Isso mesmo, o melhor a fazer no caso de dúvidas quanto aos potenciais benefícios é fazer o "teste de São Tomé". O médico pode e deve combinar "experimentar" o medicamento durante um período curto – pode ser de apenas algumas semanas –, e depois disso discutir os resultados da experiência com os pais ou com o próprio portador, adulto ou criança. Valeu a pena? Ocorreram sintomas desagradáveis?

Ninguém precisa decidir se vai tomar um medicamento por longo tempo em uma única consulta. Mesmo que se opte por tomá-lo, também é possível fazer o inverso: combinar com o médico de interromper o tratamento depois de algum tempo e ver o que acontece. ∎

CAPÍTULO 7

Os medicamentos curam o TDAH?

NÃO, da mesma forma que os medicamentos para pressão não curam a hipertensão arterial, nem a insulina cura o diabetes. Os medicamentos ajudam a normalizar os neurotransmissores enquanto estão sendo utilizados.

É claro que, com o passar do tempo, todos nós, portadores e não-portadores do TDAH, vamos desenvolvendo nossa capacidade de prestar mais atenção, controlar nosso comportamento, administrar nossas deficiências pessoais etc. Hoje em dia, já se sabe que o TDAH pode ser uma condição crônica que persiste, muitas vezes, durante anos ou mesmo durante toda a vida. Por outro lado, muitos indivíduos com diagnóstico do TDAH na infância não apresentam sintomas significativos quando adultos, indicando que o transtorno remitiu, desapareceu.

Quando o tratamento é instituído precocemente, é possível diminuir as consequências emocionais negativas e as dificuldades acadêmicas, a baixa autoestima, o risco de acidentes, de abuso de drogas e a má adaptação social, diminuindo o impacto do TDAH na vida de quem é portador do transtorno.

Em adultos que não receberam um diagnóstico adequado quando crianças, o início do tratamento certamente não trará tantos benefícios como se o tivessem começado ainda na infância ou adolescência. Muitas consequências negativas foram provavelmente ocorrendo e se acumulando ao longo dos anos, secundariamente aos sintomas do TDAH. É frequente que portadores tenham se submetido a várias psicoterapias e a diferentes tratamentos médicos para *depressão*, *ansiedade* etc., mas não para o TDAH. É comum encontrar adultos com muitas dificuldades no casamento, com grande instabilidade na vida profissional e dificuldades em manter amizades por longo tempo. O início de um tratamento voltado para o TDAH trará benefícios, é certo, porém isso dependerá do comprometimento que já ocorreu em diferentes campos da vida do indivíduo.

Em alguns casos específicos, como é o de abuso e dependência de drogas – e em particular a cocaína –, o tratamento apropriado do TDAH pode trazer vantagens para o tratamento da dependência química, que deve ser feito paralelamente por profissionais especializados, sempre. ∎

Por quanto tempo deve ser seguido o tratamento medicamentoso?

93

DURANTE MUITOS ANOS pensou-se que o TDAH era uma doença infantil que desaparecia na adolescência ou logo no início da vida adulta. Atualmente, sabe-se que o TDAH pode persistir na vida adulta em uma grande quantidade de casos, ocasionando vários problemas para essas pessoas. O tratamento do TDAH pode ser longo e até mesmo durar muitos anos. Nos casos em que os sintomas persistem de modo significativo na vida adulta, o medicamento provavelmente será tomado por muitos anos. A mesma coisa acontece com um monte de outras doenças e transtornos: asma, aumento de colesterol, hipertensão alta (pressão alta) etc.

O primeiro passo é a escolha da medicação correta e o ajuste da dose ideal. A dose varia de organismo para organismo e pode ser alterada ao longo do tratamento.

O acompanhamento do tratamento é feito por meio da avaliação da intensidade dos sintomas. Para uma boa avaliação, é importante ouvir pais, professores e pessoas que convivem diretamente com o portador, além de ouvir muito cuidadosamente o próprio portador. No caso de adultos, é importante identificar o quanto o tratamento está trazendo benefícios para a vida do indivíduo e, em particular, ouvir o relato do cônjuge ou familiar.

Em alguns casos de crianças, os sintomas podem desaparecer ou se tornarem muito pouco significativos ao final da adolescência e início da vida adulta. A hiperatividade é o primeiro sintoma a desaparecer e é provavelmente o que melhora de modo mais significativo. Geralmente a desatenção melhora muito, mas em mais da metade dos casos persiste na vida adulta. O mesmo pode ser dito da impulsividade.

O tratamento de uma criança ou adolescente deverá persistir enquanto os sintomas forem evidentes, o que pode fazer que o medicamento necessite ser tomado na vida adulta. Quando os sintomas melhoram muito ou desaparecem, o médico pode experimentar interromper o tratamento e observar se ainda existem sintomas significativos. Isso, em geral, ocorre no final da adolescência, não havendo razões para se tentar interromper o tratamento pouco tempo após o início da medicação. Antes de interromper a medicação, é prudente o médico avaliar se realmente houve desaparecimento ou grande melhora dos sintomas e fazer pequenos intervalos durante as férias escolares, para avaliar a criança sem o efeito da medicação.

No caso de um adulto com o transtorno, como os sintomas do TDAH chegaram até essa idade em níveis significativos e causando problemas, fica claro que o indivíduo irá tomar medicamento por toda a vida. ■

Então vou ficar prisioneiro de medicamentos?

94

O PORTADOR DE TDAH já é prisioneiro de sintomas que ele próprio não consegue controlar. Se fosse possível controlar apenas por vontade própria, não seria necessário procurar tratamento, não é mesmo?

O medicamento, na verdade, liberta o indivíduo desses sintomas e, portanto, o torna mais livre e não mais preso. ■

Os medicamentos se acumulam no organismo?

NÃO, NÃO SE ACUMULAM. Além disso, é importante lembrar que alguns estimulantes têm curta duração (atuando por poucas horas), outros têm ação longa (e, se tomados muito tarde, vão causar insônia). O horário das doses deve levar isso em conta, para que o portador de TDAH não fique "desprotegido" entre uma tomada e outra. ∎

Existem casos em que a medicação não funciona?

96

O TRATAMENTO PARECE SER BENÉFICO EM CERCA DE 70% dos casos, tanto em crianças como em adultos, o que é considerado muito bom em medicina – o tratamento medicamentoso para *depressão* não chega nem perto disso. Muitas vezes, os sintomas de desatenção, hiperatividade e impulsividade melhoram de forma dramática, outras vezes a melhora é apenas parcial. Mesmo assim, os medicamentos de primeira linha apresentam um grau de resposta considerado excelente. Chama-se a isso de **tamanho de efeito**. Algo que se observa com frequência é os familiares referirem que um estimulante "não funcionou", porém a dose foi muito pequena – por um temor infundado do médico ou dos pais –, ou o uso foi muito breve, sem que houvesse tempo para se observar os resultados, ou, ainda, a administração não respeitou o tempo de ação do medicamento.

No caso do metilfenidato de curta ação, por exemplo, se a criança tomar o primeiro comprimido pela manhã e o segundo no almoço, ao final da tarde estará "desprotegida" e apresentará os sintomas de TDAH. Algumas vezes vemos pais que dizem que o medicamento não está funcionando, porque encontram a criança agitada no início da noite, quando chegam em casa e, ao mesmo tempo, os professores dizem que houve grandes melhoras – porque estavam com a criança à tarde.

Quando os medicamentos não trazem sucesso terapêutico, uma das possibilidades é introduzir ou reforçar o trabalho psicoterápico. ■

Muitas vezes, os sintomas de desatenção, hiperatividade e impulsividade melhoram de forma dramática, outras vezes a melhora é apenas parcial.

Quando fazer psicoterapia?

97

A PSICOTERAPIA PODE ESTAR INDICADA EM CASOS MAIS LEVES ou quando existe o desejo do paciente ou dos familiares de não usar medicamentos. Em crianças com menos de 6 anos, a psicoterapia é o tratamento de escolha. Sabe-se atualmente que a psicoterapia é mais eficaz no tratamento dos sintomas de TDAH em crianças do que em adultos.

A psicoterapia está fortemente indicada quando existem problemas secundários ao TDAH, seja na escola, no trabalho, em casa, seja socialmente, que são considerados graves ou de difícil solução. Isso é particularmente importante quando se passaram muitos anos sem diagnóstico correto e tratamento adequado. A psicoterapia pode mesmo ser imprescindível em alguns casos, do mesmo modo que a dieta pode ser vital para o tratamento de um diabético que, mesmo com ela, precisa fazer uso de medicamentos para controlar o nível de açúcar no sangue.

Algumas indicações importantes da psicoterapia são:

- **Dificuldade muito grande de aceitar limites e respeitar regras:** mais comum em crianças e adolescentes, como nos casos de *transtorno de oposição e desafio* (TOD) *e transtorno de conduta* (TC).

- **Baixa autoestima:** mais comum em adultos, mas também pode ser encontrada em adolescentes.

- *Depressão* ou *ansiedade* importantes: ocorrem tanto em adultos quanto em crianças e adolescentes.

- **Dificuldades muito significativas de relacionamento interpessoal:** mais comuns em adolescentes e adultos. ■

O que é *neurofeedback*?

98

O *NEUROFEEDBACK* É UMA TÉCNICA que utiliza as respostas fornecidas pelo paciente. Por exemplo, através de eletrodos – exatamente como os de um eletroencefalograma – durante um exercício feito no computador, para modular a sua resposta e estimular o aumento da concentração na tarefa. Embora existam alguns resultados positivos preliminares em pesquisas, não está claro se pode ser considerado um tratamento eficaz. ■

O tratamento com fonoaudiólogo é obrigatório?

99

NÃO, É OPCIONAL. Em geral, é feito quando existem problemas com a leitura – não atribuídos exclusivamente à desatenção –, problemas com a escrita ou ainda problemas com a linguagem oral. ■

Existem outras medidas importantes?

100

SIM. Em diversos países existem associações dedicadas ao TDAH que promovem palestras e cursos, além de terem sites com inúmeras informações e reportagens sobre o TDAH. No site **www.tdah.org.br**, da Associação Brasileira do Déficit de Atenção (ABDA), você poderá encontrar o link para todas as associações existentes no mundo.

É possível conhecer melhor o problema e receber apoio e orientação. A interação com outros pais e outros portadores tem, geralmente, um excelente efeito no tratamento e no acompanhamento daqueles que têm ou convivem com aqueles que têm TDAH. Além disso, quanto mais pessoas conhecerem o transtorno, maiores as chances de que se façam diagnósticos e tratamentos corretos. ■

Este livro foi composto com tipografia Bembo e impresso em papel Off-White 80 g/m² na Formato Artes Gráficas.